Herbert Rosendorfer:
Königlich bayerisches Sportbrevier

Mit einer ›Kleinen bairischen Wortkunde‹
von Ludwig Merkle und
Zeichnungen von Johannes Behler

Deutscher
Taschenbuch
Verlag

Von Herbert Rosendorfer
sind im Deutschen Taschenbuch Verlag erschienen:
Das Zwergenschloß (10310)
Vorstadt-Miniaturen (10354)
Briefe in die chinesische Vergangenheit (10541; auch
als dtv großdruck 25044)
Stephanie und das vorige Leben (10895)
Die Frau seines Lebens (10987)
Ball bei Thod (11077)
Vier Jahreszeiten im Yrwental (11145)
Eichkatzelried (11247)
Das Messingherz (11292)
Bayreuth für Anfänger (11386)
Der Ruinenbaumeister (11391)

Ungekürzte, vom Autor durchgesehene Ausgabe
September 1988
3. Auflage März 1991
Deutscher Taschenbuch Verlag GmbH & Co. KG,
München
© 1984 Nymphenburger Verlagshandlung GmbH,
München
ISBN 3-485-00473-1
Umschlaggestaltung: Celestino Piatti
Gesamtherstellung: C. H. Beck'sche Buchdruckerei,
Nördlingen
Printed in Germany · ISBN 3-423-10954-8

Inhalt

Vorwort 9

I Allgemeiner Teil
Über die Eigenarten der bayerischen Urbevölkerung und ihr Verhältnis zu den Nachbarvölkern von den Uranfängen bis auf die heutige Zeit nebst topographischen Exkursen durch die Münchner-Stadt und einer Untersuchung des Wetters dortselbst, insbesondere des Föhns . . . 13

II Besonderer Teil
Von den einzelnen Sportarten
A Anstrengende Sportarten, das sind in der Regel solcherne, die wo in der frischen Luft stattfinden 52
   1. Das Eisstockschießen oder Auch die Kälte macht Durst 54
   2. Maibaumklettern und denselben eventuell stehlen 58
   3. Kirchweih und Oktoberfest als Konditionstraining oder Das Raufen 63
   4. Der sportliche Baumstamm 72
B Gemischte Gruppen, das heißt Sportarten, die wo einerseits noch in die frische Luft gehören, andererseits schon in Gruppe C hinüberschillern 76
   5. Das Fensterln und das Wolpertinger-Fangen 76
   6. Das Jodeln – Ein unsportlich-alpenländischer Exkurs 82

C Eher gesellige Sportarten, das heißt solcherne,
   die wo in der Wirtschaft stattfinden oder sonst
   in geschlossenen Räumen 91
   7. Das Kegeln oder Die bayerischen Griechen 91
   8. Das Kartenspielen, vornehmlich Das
      Schaffkopfen 107
   9. Das Fingerhakeln oder Die rohe Gewalt . . 115
 10. Kulinarische Sportarten als da sind: Knödelessen, Schmalzlerschnupfen, Maßkrugstemmen 120
D Die Transzendentalen Sportarten 133
 11. Bartwachsenlassen 136
 12. Grantln 142

III Kleine bairische Wortkunde
    von Ludwig Merkle 146

Dem Andenken
von
Horst Eduard Wiemer
(10. 8. 1907–1. 3. 1984)
gewidmet.

Vorwort

Als Ende der sechziger Jahre sich der schreckliche Verdacht zur Gewißheit verdichtete, daß im Jahr 1972 die unter der unzutreffenden Bezeichnung »Olympia« firmierende Altersbelustigung fettleibiger Sportfunktionäre, die alle vier Jahre Fernsehzuschauer, Hoteliers, Dirnen und Taxifahrer beglückt, in München stattfinden würde, meinte der gute Horst Wiemer seligen Angedenkens – er ist im März 1984 an einem bitteren Leiden gestorben, das er über zehn Jahre lang mit nicht genug zu bewundernder Contenance getragen hat –, daß man aber versuchen müsse, das beste draus zu machen. So entstand die Idee zu einem unüblichen Olympiabuch, das ich 1970 schrieb, und das 1971 im Herbst erschien. Das Nationale Olympische Komitee hörte von dem Projekt und fragte beim Verlag an, ob ein Sonderpreis vereinbart werden könne, wenn 40000 Exemplare auf einen Schlag abgekauft würden. Sowas läßt sich ein Verlag nicht entgehen. Er sagte zu, aber das Komitee verlangte ein Probeexemplar. Nachdem ein des Lesens kundiges Mitglied dieses Gremiums das Buch angesehen hatte, nahm man von der Bestellung Abstand.

Das hat mich in der Gewißheit bestärkt, daß ich den Ton getroffen hatte, den ich wollte. Das Buch hieß damals ›Rosendorfers Aechtes Olympiabuch‹, war ein guter Verkaufserfolg aber nur bis zum Ende der Olympischen Spiele. Offenbar täuschte der olympische Hinweis im Titel eine rasch verflogene Aktualität vor, die in dem Buch gar nicht enthalten ist. Das Buch enthält sog. Ewige Wahrheiten, sowohl die bayrische Geschichte, die soziologische Struktur Bayerns und angrenzender Völkerschaften, den Sport, das menschliche Zusammenleben, die Probleme der Menschheit und überhaupt die Lebensweisheit schlechthin betreffend, außerdem sehr schöne Zeichnungen von Johannes Behler (JOB) und eine äußerst wertvolle Wortkunde meines Freundes Ludwig Merkle. Um das alles einer breiteren, inzwischen herangereiften Leserschicht nahezubringen, hat sich der Verlag entschlossen, dieses Werk – das mir schon die Freude gemacht hat, in Antiquariatskatalogen in Suchanzeigen aufzuscheinen – neu aufzulegen. Ich habe es zu diesem Zweck etwas überarbeitet und ergänzt. Ein paar sachliche Fehler, auf die mich Freunde und Leser hingewiesen haben, habe ich ausgemerzt, neue Ewige Wahrheiten, die mir seit der ersten Auflage aufgegangen sind, habe ich eingearbeitet, so daß sogar der Kenner jener ersten Auflage nicht umhin können sollte, auch die zweite zu kaufen. Ich folge hier dem Beispiel eines meiner Vorbilder, des großen Meisters Igor Strawinsky, der ja auch ein und dasselbe Werk mit minimalen Veränderungen als »Fassung von 1928«, »Fassung von 1941«, »Fassung von 1956« usw. bis zu siebenmal verkauft hat.

Um nicht den unerwünschten Effekt der scheinbaren Aktualität nochmals hervorzurufen, wurde für diese Ausgabe ein anderer, ein eher neutraler Titel gewählt. Ich hätte gern gehabt: ›Churfürstlich bayr. Sportbrevier‹, aber das hat der Verlag als für zu preziös erachtet. So wählten wir den Kompromiß ›Kgl. bayr. Sportbrevier‹.

Daß Harry Valérien es ablehnte, ein Geleitwort für dieses Buch zu schreiben, bestärkt mich aufs neue in der Gewißheit, daß der Ton des Buches weiterhin der ist, den ich treffen wollte.

Ich muß zum Schluß noch einmal auf Horst Wiemer zu sprechen kommen. Ich verdanke diesem großen, klugen Mann nicht nur die Idee zu diesem Buch, ich verdanke ihm viel, viel mehr. Ich habe Horst Wiemer 1966 kennengelernt, und die unzähligen Gespräche, die ich mit ihm führen durfte – meist im »Bologna« in der Leopoldstraße, aber auch in seiner Wohnung in der Römerstraße –, gehören zum Wertvollsten, das ich in der Erinnerung bewahre. Ohne diese Gespräche wäre ich nicht der, der ich heute bin, und ohne die Anregungen und Gedanken, die von Horst Wiemer ausgegangen sind, hätte ich die Arbeiten, die ich für meine besten halte, nicht geschrieben. Horst Wiemer stammte aus Ostpreußen, war also ein »Preiß«, woran selbstverständlich nichts änderte, daß er seit 1935 in München lebte, die bayrische Sprache zwar nicht redete, aber verstand. Wer das vorliegende Buch nur oberflächlich liest, kann es als rassistischen bajuwarischen Angriff gegen »die Preußen« mißverstehen. Das wäre mir unangenehm.

Ich weiß so gut wie jeder, der sich nur ein wenig mit bayrischer Geschichte befaßt hat, daß die Preußen nie die Feinde Bayerns waren. Ich weiß, daß die Intervention Friedrichs des Großen den Bestand des bayrischen Staates (und wahrscheinlich des bayrischen Volkes) seinerzeit gerettet hat. Ich weiß, daß ein Großteil, vielleicht sogar der größte Teil bayrischer Kultur (einschließlich Karl Valentins, des Halb-Sachsen und Halb-Hessen) auf Import zurückzuführen ist.* Nicht zuletzt die Person des Preußen Horst Wiemer – der vielleicht nicht am meisten, aber als Lektor des Buches als erster über all das, was da so drin steht, gelacht hat – zeigt mir darüber hinaus, daß der »Preiß« als einzelnes Individuum zu schützen ist, und ich verhehle nicht, daß mir in manchen Fällen ein preußischer

---

* Anderseits, das muß man in dem Zusammenhang auch sagen, hat Bayern den traurigen Ruhm, den einzigen Bundesminister zu stellen, den man ungestraft »Meineidbauer« titulieren darf.

Oberkellner lieber ist als ein bayrischer Staatssekretär. (Wer mich kennt, weiß schon, wen ich meine.) Zuwider ist mir nur die preußische Überschwemmung mit arroganter Anbiederung – anders ausgedrückt: der Preuße, der dieses Buch liest und darüber lacht, der ist nicht gemeint. Ärgern soll sich nur der »Preiß«, der sich über dieses Buch ärgert. Und vor allem natürlich die Sportler, mögen sie Bayern sein oder Preußen. Und das im Sinn meines alten, toten Freundes Horst Wiemer, dessen Andenken unter anderem durch dieses Buch geehrt werden soll.

I Allgemeiner Teil

Es gibt vier große Gruppen von Menschen:

1. Bayern,
2. Schwaben,
3. Preußen,
4. Ausländer.

Falsch ist die Ansicht, daß der Bayer den Preußen zu den Ausländern rechnen würde. Nein, das tut er nicht. Jenes kinderlose bayrische Ehepaar hielt sich genau an die obige Einteilung, als es ein kleines Negerkind adoptierte. »Warum«, wurde das Ehepaar von Fremden gefragt, »habt ihr ausgerechnet einen kleinen Neger adoptiert?« »Damit wir gwiß wissen, daß's koa Preiß ist«,* war die Antwort.

Je nach Bildungsgrad werden innerhalb der vier

---

* Dieses Kind war dann, als es erwachsen war, der berühmte Neger,

Gruppen weitere Feineinteilungen gemacht. So zerfällt Gruppe 4 in die Unterabteilungen: Franzosen, Engländer, Italiener, Amerikaner, Neger und Chinesen. Die ethnologischen Differenzierungen, die der Bayer vornimmt, werden mit der Entfernung gröber. Als Beispiel diene das vielzitierte Wort jener Standlfrau auf dem Viktualienmarkt (die Standlfrauen dort sind ja seit alters eine Art Seismograph bayrischen Denkens und bayrischer Sprache), die einen Ostasiaten, der unbefugt die ausgestellten Früchte betastete, mit dem Satz zurechtwies: »Ob du nicht deine Griffl wegtuast, du Japaner, du chinesischer.« Seit etwa dreißig Jahren gibt es eine weitere Feingruppierung: Jugoslawen, Griechen, Türken, die je nach Mentalität vom Bayern unter den Bezeichnungen »Gastarbeiter«, »Kanaken« oder »Kameltreiber« zusammengefaßt werden.

Auch die Gruppe 3 – »Preußen« – hat Unterabteilungen. Der echte Bayer interessiert sich aber nicht dafür. Es zeichnet tadellose bayrische Gesinnung aus, wenn man nicht weiß – ja sogar Unwissen vorgibt –, wo Celle, Pirna oder Dortmund liegen.[*] Der Bayer weiß nur, daß sich diese Orte nördlich des Mains, also in Preußen befinden. Wer dorther stammt, ist ein »Preiß«. Möchte ein Bayer zugeben, er kenne den Unterschied zwischen einem Westfalen und einem Ostpreußen, so muß er schon, um nicht als Verräter zu gelten, seiner Bekundung vorausschicken: »Wissen Sie, ich bin nämlich Ethnologe.« (So ungefähr wie ein Gynäkologe unter medizinischem Aspekt von sonst im Gespräch verpönten Dingen sprechen darf.)

dem in der Münchner Straßenbahn ein Mann versehentlich auf den Fuß stieg. Der Mann entpuppte sich als Preuße, als er sagte: »Ach, entschuljense, Meester.« Der Neger öffnete seine Bantu-Lippen und antwortete: »Saupreiß, damischer.« Man sieht: ein Neger kann Münchner werden, ein Preuße nicht.

[*] Der Verfasser weiß es auch nicht.

Eine gewisse Sonderstellung innerhalb der Preußen – insofern sie als besonders preißisch gelten – kommt den Sachsen zu. Das bekam schon Richard Wagner zu spüren. Es würde zu weit führen, hier Wagners Lebenslauf im Detail zu schildern; nur soviel: Wagner mußte überdurchschnittlich oft *fliehen*. In der überwiegenden Anzahl der Fälle floh er vor seinen Gläubigern. 1849 aus Dresden floh er – angeblich – aus politischen Gründen. Wie man's nimmt. Mit den Barrikaden der 1848-Revolution hoffte Wagner auch seine Schulden zugeschüttet. Ein paarmal floh Wagner wegen Weibergeschichten, d.h. entweder vor dem Weib oder dem Ehemann. Ein einziges Mal floh er aus anderen Gründen: 1866 aus München.

Schulden hatte er in München nicht, denn König Ludwig II. überschüttete ihn förmlich mit Geld. Die ›Tristan‹-Uraufführung hatten ihm die Münchner nicht nachgetragen. Auch die Liebesaffaire mit Cosima von Bülow trugen sie ihm nicht nach, denn einem Münchner ist es wurst, ob eine Preußin mit dem einen oder mit dem anderen Preußen etwas hat. Nicht ertragen aber konnten die Münchner Wagners Sächsisch. Es wäre noch angegangen, wenn Wagner von seinem Sächsisch sparsamen Gebrauch gemacht hätte.

Aber Wagner redete ununterbrochen und noch dazu sehr laut. König Ludwig II. – obwohl ganz rasender Wagnerianer – ertrug Wagners Sächsisch nur knapp zwei Jahre. In seinen hochinteressanten Lebenserinnerungen erzählt der Kammerherr Maximilian Leodegar Freiherr von Zwirnsteiner*, daß er einmal mit König Ludwig über Wagners Münchner Zeit gesprochen habe. Der König sagte zu Zwirnsteiner: »Ich habe Wag-

---

* Leodegar Freiherr von Zwirnsteiner, Meine vier königlichen Herren Ludwig II., Otto I., Prinzregent Luitpold und Ludwig III. Mit einem Frontispiz und vier Faksimiles in Kupfertiefdruck. Verlag C.H. Beck, München 1926.

ner am 4. Mai 1864 zum erstenmal gesehen. Da begann er sogleich zu reden. Am 10. Dezember 1865 reiste er mit seiner Cosima ab nach Tribschen. Ich nehme nicht an, daß er da zu reden aufhörte, aber er gelangte außerhalb meiner Hörweite. Vom 4. Mai 1864 bis 10. Dezember 1865 versuchte ich ungefähr zweihundertmal, Wagner etwas zu sagen. Aber ich kam nicht zu Worte. Er redete sogar während des Essens ununterbrochen. Durch eiserne Übung hatte er diese Fähigkeit erlangt, gleichzeitig essen und reden zu können. Besonders schaurig aber war es, wenn er redete und gleichzeitig trank. Wagner hatte, nachdem er nach München gekommen war, eine große Vorliebe für den Maßkrug gefaßt. Durch den bei währendem Trinken immer weniger gefüllten Krug wirkte seine Stimme fast unerträglich dämonisch. Mit dem Gegurgel des Drachens im ›Siegfried‹ hat Wagner diesem seinem eigenen akustischen Phänomen selber ein Denkmal gesetzt.« Die Sachsen gelten seit alters her in Bayern als sozusagen qualifizierte Preußen, während der Berliner als der Prototyp des Preußen, als der schlechthinnige »Preiß« betrachtet wird. Noch feinere Unterschiede werden, wie gesagt, nur von Fachleuten gemacht.

Auch Gruppe 2 – »Schwaben« – kennt zwei Arten: die bayrischen Schwaben, also die Bewohner des bayrischen Regierungsbezirks Schwaben, und die anderen Schwaben, die in Württemberg wohnen. Der Bayer hat keinerlei Sympathien für die Schwaben, wenngleich er sie etwas höher einschätzt als die Preußen, wobei er eher noch die außerbayrischen Schwaben gelten läßt, während die bayrischen Schwaben als besonders zuwider angesehen werden. Da spielt natürlich ein gewisser Neid mit, weil die bayrischen Schwaben mit ihrer Tüchtigkeit es nicht ungern selbst in München zu etwas bringen. Aber immerhin läßt man die Karriere eines Schwaben in Bayern gelten, während die Karriere eines Preußen in Bayern stets als unverdient erscheint.*

Die Feineinteilung der Gruppe 1 – »Bayern« – ist natürlich ungleich komplizierter. Mit dem alten Witz kommt man dabei nicht weiter: eines Tages seien alle Bayern zusammengerufen worden, und die besonders bayrischen unter den Bayern seien zu Ober-Bayern befördert worden. Das ist ein sehr dummer Spruch, der nur unter Preußen zirkulieren kann. Er zeigt, wie wenig die Preußen von den Bayern verstehen. Dabei behaupten sie, von allem etwas zu verstehen; der Bayer ist demgegenüber, wie oben schon dargelegt, richtig stolz darauf, wenn er von Preiß und Preußen möglichst wenig weiß – ist doch das wenige meist schon unerfreulich genug. Also: die Oberbayern sind mitnichten die bayrischeren Bayern. Man könnte jetzt sagen: im Gegenteil. Leider ist es hier unerläßlich, etwas weiter auszuholen und dem Leser zum besseren Verständnis bayrischer Ethnologie einen historischen Hieb zu verpassen.

Außer dem Prinzregenten Luitpold und dem König Ludwig II. hat es keine bayrische Herrschergestalt zu mehr Ansehen gebracht als der Herzog Tassilo. Dieser Tassilo, seines Namens der Dritte, aus dem Geschlecht der Agilolfinger, regierte von 744 bis 788 und versuchte vergeblich, sich Karls des Großen zu erwehren. Wir werden später – im Besonderen Teil des Buches – noch genauer darauf zurückkommen. Hier nur so viel: Tassilo war verheiratet mit der Langobarden-Prinzessin Luitpirga, die eine Tochter jenes Königs Desiderius war, den Karl der Große aus seinem Reich

---

* Man wird vielleicht fragen: wo bleiben die Franken? Die Franken gelten den Altbayern als Preußen. Da sich aber übermäßig viele Franken in politischen, wirtschaftlichen und gesellschaftlichen Schlüsselpositionen eingenistet haben, darf das nicht gesagt werden. Auch für dieses Buch wurde vom Wissenschaftsministerium kein eigenes Frankenkapitel genehmigt, weswegen es bei dieser Fußnote sein Bewenden haben muß.

vertrieb. Luitpirga stichelte ihren Tassilo so lange, bis er gegen Karl ins Feld zog, wobei er – was angesichts der fränkischen Übermacht ohne weiteres vorauszusehen war – den Kürzeren zog. In Ingelheim am Rhein wurde er kastriert, geschoren und ins Kloster geschickt, auch sein einziger Sohn Theodo wurde kastriert, geschoren und ins Kloster gesteckt. Die Herzogin Luitpirga wurde nur geschoren und ins Kloster gesteckt. Bayern, bis dahin ein selbständiges Herzogtum, wurde fränkische Provinz.

In den nächsten hundertfünfzig Jahren war Bayern hie und da Apanage für genealogisch mehr oder minder abgelegene Karolinger; erst einem gewissen Arnulf – der natürlich behauptete, von den alten Agilolfingern abzustammen – gelang es 907, aus der Konkursmasse des Karolingerreiches das eigenständige Bayern herauszulösen. Arnulf gilt als erster der neueren Herzöge Bayerns; aber mit der Selbständigkeit war es endgültig vorbei, denn auch Arnulf mußte die Oberherrschaft des deutschen (= ostfränkischen) Königs anerkennen. Bayern blieb Teil des später so genannten Heiligen Römischen Reiches Deutscher Nation. Weitere zweihundert Jahre später, nachdem das Herzogtum Bayern wie ein Aktienpaket zwischen den höheren Fürstenhäusern des ostfränkischen Reiches gehandelt, gelegentlich von Weibern und Bischöfen regiert worden war, wurde – mehr durch Zufall – der Ur-Vater des bis heute in Bayern angestammten Herrscherhauses damit belehnt. Das kam so: der schwäbische Friedrich Barbarossa, römischer Kaiser und deutscher König, war ein geplagter Mann. Einerseits gab es ständig sehr ernste Reibereien mit den Päpsten, andererseits gab sein Vetter und Rivale Heinrich, genannt der Löwe, Herzog von Sachsen und Bayern, keine Ruhe. Bald mußte sich Barbarossa mit Heinrich gegen den Papst verbünden, dann wieder mit dem Papst gegen Heinrich, und dazu kamen dann noch die Kreuzzüge ... es war kein Leben. Barbarossa pendelte ständig zwischen Deutschland und Italien hin und her. Einmal, im Jahr 1180, hatte er es so weit gebracht, daß Heinrich der Löwe folgsam mit ihm zog, um dem lombardischen Städtebund oder sonst so einem Papistenklüngel auf die Zehen zu treten. Aber kaum waren Kaiser, Herzog und Heerscharen an der Veroneser Klause, da sagte Heinrich der Löwe: »Lieber Vetter Fritz, ich habe es mir anders überlegt. Ich ziehe wieder heim.« Da platzte dem Vetter Fritz der Kragen. »Rübe ab!« schrie er, »du bist die längste Zeit Herzog gewesen.« Zwar war es dann nicht so schlimm. Heinrich der Löwe behielt seine Rübe oben, aber er mußte ins Exil nach England, dessen König sein Schwiegervater war. Und seine Herzogtümer war er los.

Vor Barbarossas zornigem Toben versteckten sich alle schleunigst unter Tischen und Bänken. Nur der Pfalzgraf Otto, ein schon älterer Herr von 63 Jahren, konnte sich nicht schnell genug vor dem rasenden Staufer verbergen. Ein pfalzgräflicher Fuß schaute unter dem Vorhang hervor. Der Kaiser ergriff diesen Fuß, zog den daran hängenden Otto hervor und schrie: »Ab sofort bist du Herzog von Bayern. Basta.«

Pfalzgraf Otto überwand den Schrecken von Verona nie mehr richtig. Er starb drei Jahre später. Ihm folgte sein Sohn Ludwig I., diesem Otto II., und als der 1253 starb, teilten seine beiden Söhne Ludwig und Heinrich das Herzogtum in Ober- und Niederbayern. Die beiden Linien fältelten sich dann weiter auf, hie und da starb eine Nebenlinie aus, worauf es einen Erbfolgekrieg gab. Zuletzt kristallisierten sich die Linien München und Landshut heraus, repräsentiert durch Herzog Albrecht IV. zu München und Georg den Reichen zu Landshut. Es gab einen dynastischen Wettstreit im Söhnezeugen, bei dem die Landshuter auf der Strecke blieben, so daß 1503 das Herzogtum Niederbayern – selbstverständlich nicht ohne Erbfolgekrieg – an die Münchner Linie fiel. München avancierte zur Hauptstadt ganz Bayerns, die Münchner Wittelsbacher zu Kurfürsten, und Niederbayern blieb Provinz. So ist es bis heute. Echtes kerniges Bayerntum gibt es fast nur noch in Niederbayern. Ein gottgefälliges, gesegnetes Land. Dort wählt man noch das, was der Herr Pfarrer von der Kanzel predigt. Die Zahl der unehelichen Kinder ist enorm, und auch sonst werden die alten Bräuche hochgehalten. Man sieht also, was an dem dummen Spruch von den zu Oberbayern beförderten Bayern dran ist: nämlich nichts. Die Niederbayern sind die bayrischeren, zumal es da nochmals eine Unterscheidung gibt. Die Donau teilt nämlich Niederbayern in zwei Teile. Jenseits der Donau liegt der Bayrische Wald. Dort hausen die ›Waldler‹ (bayrisch Waitla). Die Waldler reden einen Dialekt, der so urbayrisch ist, daß ein Niederbayer von diesseits der

Donau ihn nur mit Mühe versteht; bereits ein Oberbayer hält ihn für tschechisch. Im Bayrischen Wald gibt es im Zeitalter der Atomkraft noch Köhler, und die Jodler der Waldler klingen wie Urlaute aus der Völkerwanderung. In den Jahren seit der Währungsreform ist es zunehmend häufiger geworden, daß Waldler nach München kommen, zumeist zum Oktoberfest, wo sie Lukasse zerhauen und fahrende Straßenbahnen aus den Schienen heben. Auch die Motorisierung hat vor dem Bayrischen Wald nicht haltgemacht. Deshalb ist es gut, sich über die Autokennzeichen zu orientieren. Wenn Sie einem Auto mit dem Kennzeichen CHA (Cham), SR (Straubing-Bogen) oder gar PA (Passau-Land) begegnen, empfiehlt es sich, daran zu denken, daß der Wagen aus einer Gegend kommt, wo noch Braunbären und Luchse die Straßen kreuzen.

Im Zusammenhang mit den zunehmenden Besuchen der Waldler in München ist auf eine interessante Beobachtung hinzuweisen, die ein gewisser Dr. Heinrich Maria Emde – Gelehrter der seltenen Fächerverbindung Ethnologie/Soziologie – einmal auf dem Oktoberfest gemacht hat. Dr. Emde hatte sich bei Gelegenheit des für bayrische wissenschaftliche Gremien obligatorischen Oktoberfestnachmittags seines Instituts in das Augustiner-Zelt begeben. Dabei war er in die Nachbarschaft eines Tisches geraten, an dem zwei Herren aus dem Landkreis Deggendorf saßen. Die Münchner Stadtmenschen, ob Eingeborener, ob Preiß, kleiden sich seit Jahren im Trend des Trachten-Looks zum Oktoberfestbesuch einheitlich in grün passepoilierten Loden mit Samtweste und rosa Krawatte. Bis in den Bayrischen Wald hat sich der Trachten-Look noch nicht durchgesprochen, die Waldler erscheinen noch stadtfein in Versandhauskonfektion. Die beiden stadtfeinen Waldler versuchten, mit den anderen Gästen an ihrem Tisch in Konversation zu kommen. Zunächst waren diese anderen Gäste lodenumtuchte Preußen. Die verstanden die Witze der Waldler nicht. Als die Preußen gegangen waren, setzten sich ein paar lodene Münchner an den Tisch. Ihnen waren die Witze zwar verständlich, aber zu alt. Als dann als dritte Schicht eine Loden-Gruppe aus Murnau, also aus dem bayrischen Oberland, kam, wurde der Ethno-Soziologe Dr. Emde bereits fachlich neugierig. Die Waldler erzählten ihre Witze zum dritten Mal. Sie waren den Murnauern zu fad. Erst als die Besetzung des Tisches ein weiteres Mal wechselte, klappte es mit der Unterhaltung. Diesmal kamen nämlich türkische Gastarbeiter, die kein Deutsch sprachen, an den Tisch der Waldler, und sofort verstand man sich. Dr. Emde arbeitet seitdem an einer interessanten Studie über die ethnisch-soziologischen Parallelen zwischen dem bayerischen Landkreis Deggendorf und dem inneren Anatolien.

Es ist bedauerlich, daß es keine schottischen Gastarbeiter in Bayern gibt. Die Schotten hätten die Witze der Waldler noch besser verstanden, was auf die gemeinsame, stark prägende keltische Wurzel zurückzuführen ist. Von den – im wahrsten Sinn des Wortes – tiefen Beziehungen Bayerns zu Schottland hat Carl Amery in seinem 1979 erschienenen Buch ›Das Königsprojekt‹ einiges Geheimnisvolle berichtet, natürlich nicht alles, versteht sich. Auffällig ist in dem Zusammenhang, daß seltsamerweise das bayrische Königshaus die legale Anwartschaft auf die schottische Krone von den Stuarts geerbt hat. (Der exakte genealogische Nachweis findet sich bei Amery, a.a.O.) Das wissen nicht nur die Bayern (nicht alle, selbstverständlich, nur die Eingeweihten), sondern auch die Schotten. In dem hervorragenden Nachschlagewerk *Robert Bain's* ›Clans and Tartans of Scotland‹ dessen 21.(!) Auflage 1971 erschien, sind die wichtigsten Tartans abgedruckt und kommentiert, und bei dem als »Royal Stuart« bekannten Tartan steht nicht etwa, daß dieser Tartan der Königin zusteht, sondern nur »... it is now considered to be the Royal tartan of H.M. The Queen.« also: »... man muß jetzt davon ausgehen, daß dieser Tartan der der Königin ist.«

Mit dieser sehr feinen Formulierung deutet der Verfasser an, daß der königliche Tartan in Wirklichkeit ganz jemand anderem zusteht, nämlich dem bayrischen Haus Wittelsbach. – Wie seltsam und doch eng die von Amery konstatierte unterirdische Verbindung der beiden Keltenvölker Bayern und Schotten ist, zeigt auch der Name des Ortes »Innerleithen«, der nicht etwa in der Jachenau liegt, sondern in der Grafschaft Peebles, 35 Minuten südlich von Edinburgh, am altberühmten Tweed.

Seit dem Anschwellen der Gastarbeiter-Welle, die auffallend viele Türken nach München schwemmte, haben die Türken eine Sonderstellung innerhalb der bayrischen Menschheitseinteilung. Vorher hingen den Türken die furchterregenden Kreuzzugs-Erinnerungen an: man dachte beim Wort »Türke« an die Stürme der Janitscharen, an den edlen Kurfürsten Max Emanuel, der für den Kaiser Leopold 1688 dem Sultan die Festung Belgrad entriß*, an die Leiden der armen Griechen unter den Türken (die im Kapitel ›Kegeln‹ eingehend geschildert werden), bestenfalls an Harem und Kaffee, wobei auch die Assoziation etwas Sündiges hatte.

Nun aber sind seit vielen Jahren die Müllabfuhr und die Straßenreinigung Münchens fest in türkischer

---

* Und dafür übrigens den sprichwörtlichen Dank des Hauses Habsburg erntete: Max Emanuel wurde 1705 vom selben Kaiser Leopold geächtet, seiner Länder verlustig erklärt, aus Bayern vertrieben; das Land ließ der Kaiser von seinen kroatischen Regimentern mit Mord und Brand überziehen.

Hand. Anfangs mußte noch mit jedem Trupp ein einheimischer Obermüllabführer mitgehen, aber heute sind bereits altgediente anatolische Stadtreiniger zu Obermüllabführern befördert und kommandieren ihre frisch eingeführten Landsleute zum Besten einer sauberen Münchnerstadt. Es beruhigt sich das Gemüt des Münchners, wenn er die ehemals so wilden Janitscharen in Reih und Glied ausrücken sieht, die amtlich rot-weiße Armbinde angelegt, das mit schützender Leuchtfarbe ausgestattete Straßenreinigungskäppi in die schwarzen Locken gedrückt, Schaufel und Besen geschultert. Manch anerkennendes Wort klingt den asiatischen Bergsöhnen nach, deren Schnurrbärte fast so üppig sind wie die städt. Straßenreinigungsbürsten. »Brave Kerln«, sagt da mancher Münchner. »San koane Preißen«, sagt ein anderer. »Und san net protestantisch«, sagt der dritte.

So gönnt man ihnen gern die Moschee, die sie sich im Norden Münchens gebaut haben, von deren bescheidenem Minarett ein Muezzin sein »Allah il Allah, weh Mohamed rasul Allah« in den rauhen Münchner Verkehrslärm ruft, schon mit einem leicht bayrischen Akzent, wie manche Türken sagen. Denn die Türken, scheint es, fühlen sich in München wohl. Das Bier schmeckt ihnen, der Leberkäs und die Weißwürst sind ihnen längst geläufig; und die altehrwürdige Sitte der Wirtshausrauferei – zwar am bayrischen Land draußen noch üblich, in München aber durch Zuzug von Preußen und die Hektik der Zeit fast verschüttet – verdankt ihr Wiederaufleben diesen Türken. Wenn dabei, im Gegensatz zu der eher auf Hieb eingestellten bayrischen Wirtshausrauferei, mehr gestochen und geschossen wird, rechnet der Münchner das dem südländischen Überschwang der Türken an und billigt es nachsichtig. Selbst die Münchner APO, die vaterlandslosen Hippies und die entwurzelten Elemente in den beliebt gemütlichen Münchner Kommunen (bezeichnenderweise gab es in Schwabing Kommunen mit dem Namen »Prinzregent Luitpold«, »Edelweiß« und »Mi leckst am Arsch«) profitierten von der bayrischen Koexistenz mit den Türken, denn sie garantierte die lückenlose Versorgung mit Hasch. Heute gibt es ja längst keine APO, keine Hippies und keine Kommunen mehr. Die wilden Leute der Jahre vor 1968 haben nicht nur den »Marsch durch die Institutionen« angetreten, sie haben sogar – wie neuere Untersuchungen zeigen – die Institutionen auf der anderen Seite schon wieder verlassen. Wohin? Das weiß kein Mensch.

Die »Türkenstraße« in München ist allerdings kein Denkmal der neuen türkisch-bayrischen Freundschaft. Der Name ist älter. Kurfürst Max Emanuel brachte von der Eroberung Belgrads zahlreiche türkische Gefangene mit. Die mußten den »Türkengraben«, einen geplanten, nie fertiggestellten und später wieder zugeschütteten Kanal zwischen Schleißheim und München graben und wurden außerhalb der Stadt zwischen der Stadtmauer und dem Dorf Schwabing angesiedelt.* Die Straße, die durch diese Sied-

---

* Dieser Graben darf nicht mit dem ähnlich unsinnigen Rhein-Main-

lung führte, hieß die »Türkenstraße«. Diejenigen Türken, die sich taufen ließen, durften heiraten. Ihre Nachkommen sind die zahlreich in München beheimateten »Türk« und »Türck«, die nunmehr nach fast dreihundert Jahren aus sozial höheren Schichten (allein zwei Rechtsanwälte heißen »Türk« und »Tuerck«) ihre fernen Vettern beobachten können, die auf den glatten Straßen schützenden Kies streuen oder die fiskalisch-grünen Straßen-Papierkörbe ausleeren.

Wo die Türken in der bayrischen Ethnologie anzusiedeln sind, kann vielleicht erst nach dem Ergebnis der Studien des vorerwähnten Dr. Emde ermittelt werden. Eins ist sicher: sie rangieren weit vor den Preußen, möglicherweise sogar über den Schwaben; vielleicht kann man ihren Standpunkt mit ›seitlich vor den Schwaben‹ angeben. Sie teilen diesen unbestimmten, schillernden Standpunkt mit zwei beziehungsweise drei den Bayern benachbarten Völkern, die auch nicht genau einzuordnen sind: den Schweizern, den Österreichern und den Tirolern.

Die Schweizer gelten dem Bayern zum Teil als Ausländer, zum Teil als Schwaben, und er spürt mindest mit den Deutschschweizern Geistesverwandtschaft, was in erster Linie auf das Jodeln zurückgeht, das den Schweizern wie den Bayern eigen ist, aber auch auf die gemeinsame Vorliebe für Almwirtschaft. Das Rindvieh, sozusagen, verbindet über Grenzen hinweg, was

---

Donau-Kanal verwechselt werden, dem, wie treffend gesagt wurde, sinnlosesten Bauwerk seit dem Turm von Babel. Die bayrische Regierung verteidigt den Bau dieser von vornherein defizitären Wasserstraße mit dem unüberbietbar eigenartigen Argument: schon Karl der Große habe mit dem Bau dieses Kanals angefangen. Wenn man alles fortsetzen sollte, was Karl der Große angefangen hat...?! Und denkt denn niemand in der bayrischen Regierung an den armen Herzog Tassilo? Es werden übrigens von einer im geheimen gegründeten Arbeitsgemeinschaft vorsorglich Pläne zur Zuschüttung des Rhein-Main-Donau-Kanals ausgearbeitet.

auch für die Tiroler gilt.* Im allgemeinen und in staatsrechtlicher Hinsicht hat man die Tiroler als Untergruppe der Österreicher zu betrachten. Der Bayer aber unterscheidet. Der Österreicher ist im Auge des Bayern hauptsächlich durch den Wiener vertreten, der ja fast ebenso selbstbewußt und ungeniert auftritt wie der Berliner. Immerhin kann der Bayer nicht leugnen, daß Wien südlich des Main-Äquators liegt. Der Wiener gilt daher als gemäßigter Preiß. Anders ist es mit dem Tiroler. Zwischen Bayern und Tirolern gibt es eine heimliche Wechselbeziehung, deren Breite bis zur Haßliebe reicht. Die Tiroler oder Tyroler sind ein ausgesucht eigensinniger Volksstamm.**

* Als mein Freund, der Dichter Albin Kessel, das Manuskript dieses Buches durchlas, wies er mich darauf hin, daß sich unter allen Amerikanern die Texaner in Bayern am wohlsten fühlten, auch würden die Texaner oft als die »Bayern der USA« bezeichnet. Mag sein, daß auch hierbei das Hornvieh-Element eine verbindende Rolle spielt.

** Das Y in Tyrol, eine von Wiener zentralistischen Stellen höchst ungern gesehene Schreibweise, ist viel älter als das künstliche bayrische Ypsilon. Schon in Huebners ›Politischer Historie‹ von 1712 ist Tyrol in dieser Weise geschrieben. Da waren die Baiern noch 130 Jahre bei ihrem i. Sollte Tyrol eine noch engere Beziehung zu Hellas haben als Bayern? Es besagt nichts, daß man in Tyrol – außer dem Y – auf keinerlei antike Spuren trifft. Im Gegenteil, grad das mag ein Beweis sein, daß solche Spuren vorhanden sind und sorgfältig verborgen wurden. Der wie immer hervorragend informierte Fritz von Herzmanovsky-Orlando, der ja lange Zeit seines Lebens in Meran verbracht hat, hat in seinen Werken, namentlich im ›Tyroler Drachenspiel‹, angedeutet, daß die antiken Götter, mindestens aber die Halbgötter, vor der Verfolgung durch die Päpste, Patriarchen und Kaiser in dem sicheren Bergland Zuflucht und Versteck gefunden hätten. Tatsächlich wimmelt es ja in ganz Tyrol von Saligen Fräulein, Irrlichtern und Nörggelen, welche unheimlichen, i. ü. aber fast immer harmlosen Wesen nichts anders sind als Nymphen und Faune. Berühmt waren die heidnischen Pansfeste auf der Seiser Alm, bei denen hie und da der Ziegengott persönlich vom Schlern heruntergekommen sein soll. Am Fuß der Seiser Alm hatte übrigens eine überaus prall-antikische Persönlichkeit, nämlich Oswald von Wolkenstein, sein Schloß, es hieß Hauenstein und ist heute noch eine ansehnliche, selbstverständlich von Geistern bewohnte Ruine. Daß der letzte Pan unter den Dichtern, der Maler und Schriftsteller Hubert Mumelter (1896–1982), in St. Konstantin unterhalb des Schlern gelebt und dort seine hoffnungslos altmodischen, aber schmerzlich-schönen Gedichte geschrieben und seine herbstlichen Aquarelle gemalt hat, ist so gesehen natürlich kein Zufall.

Sie sind fast so separatistisch veranlagt wie die Bayern. Gegen nichts richtet sich der Zorn der Tiroler so sehr wie gegen die Regierung in Wien. Wie starrsinnig die Tiroler an ihrer Eigenständigkeit festhalten, zeigt jene Adresse des Tiroler Landtages an Kaiser Ferdinand, in der es heißt: »Unser einziger Landesherr ist der Gefürstete Graf von Tyrol. Daß dieser gleichzeitig auch Kaiser von Österreich ist, ehrt uns...« Und als 1909 Kaiser Franz Joseph zur Hundertjahrfeier des Aufstandes unter Andreas Hofer nach Tirol kam und sich beim Aussteigen aus dem Salonwagen am Bahnhof in Innsbruck in dem roten Ehrenteppich mit den Sporen verhedderte, sprang einer der als Spalier ausgestellten Passeirer Schildhofbauern herzu, faßte den greisen Kaiser am Arm und sagte – sich sofort auf die staatsrechtliche Sonderstellung Tirols besinnend: »Stolperns' net, Herr Graf.« Es war dies nur insofern ein Lapsus, als der Bauer »Gefürsteter Herr Graf« hätte sagen müssen, was aber wohl bei einem so einfachen Mann verzeihlich war.

Der staatsrechtliche Eigensinn Tirols überlebte sowohl das Ende der Habsburger Monarchie als auch die Teilung des Landes und Annexion Südtirols durch Italien. Das hatte lediglich zur Folge, daß die Südtiroler nunmehr unter Rom, die Nord- und Osttiroler weiterhin unter Wien leiden.

Der vorangegangene Exkurs über die Tiroler rechtfertigt sich in seiner Länge in diesem bayrischen Sportbrevier nicht nur duch die tyrolerische Herkunft des Verfassers, sondern auch geschichtlich, denn Tirol ist – was die Tiroler natürlich nicht mehr wahrhaben wollen – so wie das übrige Österreich bajuwarisches Stammes- und Siedlungsgebiet. Das Herzogtum des später geschorenen Tassilo reichte bis zum Gardasee und weit die Donau hinunter. Die »Ostmark« und die

»Steirische Mark« waren bayrische Militärgrenzen. In den welfisch-staufischen Rangeleien im 12. Jahrhundert wurde das bayrische Herzogtum immer mehr beschnitten. In Tirol bildete sich eine – theoretisch dem Herzog von Bayern nachgeordnete – Territorialherrschaft einheimischer Grafen aus. Zunächst hatten die Grafen von Eppan, später die nach ihrer Burg Tirol bei Meran »Grafen von Tirol« genannten Ableger eines Görzer Geschlechtes hier regiert. So kam Tirol zu seinem heutigen Namen. Die letzte dieser Familie war eine Dame namens Margarete, die von der uncharmanten Historie den Beinamen »Maultasch« erhielt. Diese Prinzessin wurde im Alter von elf Jahren mit dem achtjährigen Prinzen Johann Heinrich von Böhmen (dem Bruder des späteren Kaisers Karl IV.) vermählt.

Das paßte, grob gesprochen, den Tiroler Landständen nicht, und da Margarete auch, wie es scheint, im Lauf der Zeit keine tiefere Zuneigung zu ihrem nach wie vor vier Jahre jüngeren Mann finden konnte, griff man zur Scheidung. Die ging so vor sich, daß einmal, als Prinz Johann Heinrich (nun 20 Jahre alt) von der Jagd heimkehrte, das Schloßtor einfach nicht mehr aufgemacht wurde. Der Prinz klopfte und klopfte, aber da öffnete sich nur oben ein Fenster, und ein Kastellan schaute herunter, grinste hämisch und sagte, der Prinz möge sich zurück nach Böhmen verfügen, was der auch tat.* In seiner ferneren Lebenszeit mach-

---

* Der Name des Kastellans ist überliefert: Leonhard Tschenett. Eine ferne Ur-Enkelin von ihm, Anna Katharina Tschenett, heiratete einen gewissen Friedrich Rosendorfer und ist die Großmutter des Verfassers. Margarete Maultasch schenkte dem Kastellan Leonhard Tschenett für seine loyale Haltung in dieser Angelegenheit einen kunstvoll geschnitzten Betstuhl. Der Betstuhl blieb in der Familie, zwar hochgeehrt, aber durch mehrfache Erbteilung beeinträchtigt, denn keine Tschenett-Linie wollte ohne mindest einen Teil des Betstuhles sein. So wurde der Betstuhl zerteilt. Der Verfasser ist im Besitz eines ca. 10 × 6 cm großen, wurmstichigen Holzstückes mit Rosette aus dem linken Seitenteil des

te er dann noch eine vergleichsweise bescheidene Karriere als Markgraf von Mähren und heiratete – offenbar nicht entmutigt – noch zweimal. Auch seine beiden weiteren Frauen hießen seltsamerweise Margarete. So spielt das Leben. –

Margarete Maultasch heiratete dann – kirchenrechtlich natürlich nicht unproblematisch, um es milde auszudrücken, den ältesten Sohn Kaiser Ludwigs des Bayern, überlebte aber ihren Mann und den Sohn aus dieser Ehe.

Der listenreiche Herzog Rudolf IV. von Österreich brachte es dann durch gezielte Erbschleichereien zuwege, daß ihm die Margarete das Land vermachte. Das geschah 1363. Rudolf vereinigte Tirol mit den österreichischen Erblanden. Mit süßsaurer Miene beging man in Tirol 1963 das entsprechende Jubiläum.

Abgesehen von einigen habsburgischen Nebenlinien, die hin und wieder halb-selbständig in Tirol regierten, blieb das Land fortan bei Österreich. Nur 1805, im Frieden von Preßburg, besann man sich auf die de jure-Zugehörigkeit Tirols zu Bayern. Österreich mußte Tirol an König Max I. Joseph abtreten. Mit allerhand Neuerungen brachten die Bayern es in wenigen Monaten fertig, sich bei den Tirolern unbeliebt zu machen, wozu allerdings, das muß man gerechterweise sagen, nicht sehr viel gehört. Max Joseph, der von der bayrischen Geschichtsschreibung hartnäckig als gutmütiger Volksfreund, als »Bürger auf dem Thron« dargestellt wird, hat bei der Übernahme der Herrschaft in Tirol den Tirolern das königliche

---

Betstuhles. Anfang der sechziger Jahre hätte der Verfasser Gelegenheit gehabt, durch Heirat mit einer entfernten Cousine – Dorothea Kanetscheider – den rechten vorderen Fuß des Betstuhles wieder mit der Rosette zu vereinigen. In Anbetracht der Tatsache aber, daß 1. der Fuß nicht lückenlos dokumentarisch als echt gesichert werden konnte, 2. die entfernte Cousine das 50. Jahr überschritten hatte und 3. der Verfasser bereits verheiratet war, wurde diese Vereinigung nicht verwirklicht.

Ehrenwort gegeben, daß die althergebrachte ständische Verfassung des Landes nicht angetastet würde. Das war 1805. 1806 wurde diese Verfassung vom König durch Dekret außer Kraft gesetzt. König Max Joseph hat seitdem in Tirol – sofern man überhaupt von ihm redet – den Beinamen »der Wortbrüchige«.

Es kam dann zu dem Aufstand von 1809 unter Andreas Hofer, der von den Bayern mit französischer Hilfe niedergeschlagen wurde. Letzten Endes aber mußte Bayern Tirol dann doch 1814 an Österreich zurückgeben. Keine Frage, daß auch das den Tirolern nicht paßte. So war der bislang letzte Versuch Bayerns, diesen eigensinnigen südbajuwarischen Ausleger heim ins Stammesgebiet zu holen, gescheitert.

Der Tiroler hat bis heute die Vorgänge von 1809 nicht vergessen. Noch 1959 fand in Innsbruck ein grandioser Trachtenaufmarsch im Geiste Andreas Hofers statt, und es ist mit Sicherheit zu erwarten, daß der Trachtenaufmarsch von 2009 noch grandioser sein wird. Aber sogar das so krumme Jubiläum: 175 wurde 1984 in Tirol gefeiert, unter anderem durch die Ehrung aller Tiroler Zuchtstiere, Olympiasieger und Bombardonspieler mit mehr als 30 Berufsjahren mit dem Titel »Hofrat«.

Bis vor kurzem behaupteten sehr alte Tiroler (und Tiroler wirken, zum Teil durch ihre Bärte, im Alter ganz besonders alt), noch unter Andrä Hofer am Berg Isel dabei gewesen zu sein. Bei der Zähigkeit der Tyroler konnte man derartige Behauptungen nie ganz entschieden zurückweisen. Mit der Zeit aber sterben jetzt auch in Tirol die Veteranen von Anno 9 aus. Nur mehr ganz selten, in den hintersten Tälern, trifft man heute noch einen Austragbauern, der mit knöcherner Hand die Trommel hervorholt, auf der er damals dem Speckbacher beim Gefecht an der Pontlatzer-Brücke vorangetrommelt hat. Interessant ist dabei, daß man in

Tirol nicht nur in den Lesebüchern, sondern auch ganz allgemein der Meinung ist, im »Jahre Neun« allein gegen die Franzosen marschiert zu sein. Franzosen rangieren deshalb im Bewußtsein des Tyrolers knapp hinter Luzifer und Judas. Auch den »Österreichern« – also den Wienern – hat man bis heute nicht verziehen, daß sie 1809 den Tirolern nicht beigesprungen sind. (»Ich bin verlassen ganz/Vom römischen Kaiser Franz«, heißt es im alten Andreas-Hofer-Lied.) Den Bayern aber, die die eigentlichen Unterdrücker waren, trägt man nichts nach.

Das kommt vermutlich daher, daß die Tiroler in ihrem feinen staatsrechts-historischen Unterbewußtsein den Anspruch des alten bayrischen Stammesherzogtums auf das »Land im Gebirge« anerkennen. Die – nicht nur geographisch – nächste Großstadt Tirols ist München, nicht Wien oder Zürich oder Mailand. Die kulturellen Wechselbeziehungen zwischen München und Tirol sind erstaunlich groß, die zwischen Wien und Tirol erstaunlich gering. Seit hundert Jahren schon ist Meran das »Oster-München«, das heißt in Meran trifft man um die Osterzeit fast nur Feriengäste aus München. Und kaum ein Tiroler versäumt es, alljährlich das Oktoberfest zu besuchen.

Die Tiroler sind für die Bayern, so kann man das zusammenfassen, freundliche Brüder, weit weniger fremd als Schwaben und Ausländer, fast Bayern – Auslandsbayern. Während die Tiroler in dem »Franzos« den Erzfeind sehen, verbindet den Bayern mit Frankreich seit eh und je eine tiefe Sympathie. Das geht mit der Sprache an, denn kein deutscher Dialekt, überhaupt keine Sprache der Welt, ist dem Französischen phonetisch so verwandt wie das Bayrische. Das hat keinerlei etymologische Wurzeln, ist reiner Zufall, aber es verbindet. Die bayrischen Kurfürsten waren nahe mit den Bourbonen verwandt. Häufige Allianzen verbanden Bayern und Frankreich politisch. 1870/71 wären die Bayern viel lieber mit den Franzosen gegen die Preußen marschiert als umgekehrt, wenn auch gewiß mancher wackere Bayer sich 1870 von der Mordskirchweih zu Sedan begeistert hat mitreißen lassen. Aber schon 1914 waren die Bayern nicht mehr so ganz vaterländisch dabei wie die Preußen. Wenn man Ludwig Thomas Schilderung des 1. August 1914 liest, muß man sich so seine Gedanken machen. Und als 1940 der Braunauer die Bayern wieder gegen die Franzosen schickte, wurden nicht wenige Kerzen vor der Heiligen Muttergottes von Altötting angezündet – nicht für den Endsieg, sondern, damit sie endlich dem Gott, der Eisen wachsen ließ, einen Tritt in den Hintern versetzte. Die sanfte Dame zu Altötting hat es sich fünf Jahre überlegt... und erst als ihre dunkle Schwester, die Gnadenmutter von Kasan, daranging, die Initiative zu ergreifen, sagte die Muttergottes von Altötting: »In Gott's Nam'«, legte ihr Jesuskind beiseite und riß, wie man so sagt, dem Eisengott den Arsch bis zum Genick auf.

So hat sich das bayrische Deutschlandbild nach 1945 neu geschichtet. Die Preußen sind nach dem Krieg in Bayern eingesickert, haben sich hier festgesetzt und vermehrt. Es gibt in München Schulen, in denen auf preußisch unterrichtet wird. Aber schlimmer ist es für einen Münchner, wenn er hören muß, wie ein Preuße versucht, bayrisch zu reden.

Ich habe einmal einen Spanier gekannt, der lange in München gelebt hat und fließend bayrisch sprach, Tschechen und Ungarn, als enorm sprachbegabten Völkern angehörend, eignen sich das Idiom dieser Stadt erstaunlich schnell an, wenn ein Franzose bayrisch spricht, ist das herzerwärmend nett, türkischen und jugoslawischen Gastarbeitern fließt das »Geh aufd' Seitn, Hammel, damischer« ölglatt von der Zunge, eine chinesische Sprachstudentin konjugierte einmal in meiner Gegenwart fehlerfrei »Wenn i an Schmai hätt, schnupf 'a 't 'i 'n« (= Wenn ich einen Schnupftabak hätte, schnupfte ich ihn) bis hin zu der wirklich anspruchsvollen dritten Person pluralis: »Wann s'an Schmai hätt'n, schnupfatns 'n.« Ein Preuße, und sei er in München geboren und aufgewachsen und alles, hat eine zu fremde Kehlkopfkonstruktion, um das vokalische N herauszubringen. Ist ja nichts dagegen zu sagen, die Preußen sind eben anders.

Jedes Volk hat seine Vorzüge. Da kann man sagen, die Bayern haben den Chiemsee, die herrlichen Barockkirchen, Richard Strauss und Carl Orff, den Maßkrug, das Oktoberfest, die Zugspitze, Schloß Nymphenburg, den Augustiner, die Weißwurst, das vokalische N (übrigens auch ein ebensolches R), die Preußen wieder haben... ja was haben die Preußen? Sie haben ...sie haben... Sie haben ihre Vorzüge!... sie haben... ja!: Elche, die es in Bayern zum Beispiel nicht gibt,

nicht einmal im Bayrischen Wald. Also: gehabt haben die Preußen die Elche, solange sie, die Preußen, noch bei sich in Preußen gelebt haben. Jetzt haben sie noch die Erinnerung an die Elche.

Im wesentlichen ballt sich der Preuß in München um das Siemens-Werk in der Hofmannstraße. Das hat insofern seine Vorteile, als andere Stadtteile dadurch weniger von der Verpreußung in Mitleidenschaft gezogen werden. So ist es möglich, daß es noch typisch münchnerische Stadtteile gibt. Giesing ist als besonders gschert bis über die Grenzen Bayerns hinaus berühmt. Wie – angeblich – in Wedding die berlinerischsten Berliner und in Ottakring die wienerischsten Wiener wohnen, so leben, sagt man, in Giesing, zwischen der Isar und der Tegernseer Landstraße herum, die münchnerischsten Münchner. Das stimmt und auch nicht. Wie immer bei solchen halbkennerischen Verallgemeinerungen ist etwas Wahres dran; so befinden sich – im Fall Giesing – tatsächlich zwei enorm münchnerische Einrichtungen auf giesingerischen Gemarkungen: das Sechzger-Stadion und die Strafanstalt Stadelheim. Das traditionsreiche und in seinen Dimensionen eher gemütliche Sechzger-Stadion an der Grünwalderstraße wurde 1972 durch das Olympiastadion, ein Bauwerk vom architektonischen Charme einer Klosettschüssel verbunden mit einem Regenschirmgestänge, ersetzt. Im Sechzger-Stadion finden seitdem nur noch Fußballspiele der Altherrenmannschaft von FC Wacker gegen die Patientenmannschaft der nahegelegenen Orthopädischen Klinik statt. Die sog. »großen« Spiele sind ins Olympiastadion verlegt. Daß es seitdem mit dem Fußball bergab geht, wundert keinen Münchner.

Wer aber die Verhältnisse genauer kennt, weiß, daß Alt-Münchnerisches an weit weniger bekannten, ja verborgenen Plätzen viel eher zu finden ist. Die Au – der an Giesing nördlich anschließende Stadtteil und diesem in den soziologischen Gegebenheiten verwandt – wurde im Krieg dadurch schwer getroffen, daß die alte Au, die aus einem Gewirr winziger Häuschen (sogenannter »Herbergen«) bestand, fast völlig zerbombt wurde. Die Auer Dult – ein spezieller Jahrmarkt – gibt es zwar noch, sie ist aber längst in den Sog des pseudomünchnerischen »Weltstadt-mit-Herz«-Images geraten. Wie urmünchnerisch die Au war, kann ich selber noch bezeugen. Ich bin in der Au – in der Volksschule am Mariahilfplatz – in die Schule gegangen; das war im ersten Kriegsjahr. Als die etwa vierzig Schüler meiner Klasse zu Beginn des Schuljahres nach ihrem Geburtsort abgefragt wurden, stellte sich heraus, daß alle, bis auf zwei, in München geboren worden waren. Von den zweien war einer ich, aus Bozen gebürtig, sozusagen ein früher Flüchtling, der andere war in Rosenheim zur Welt gekommen, was damals in der Au noch fast als exotisch empfunden wurde. Als ich dann einige Jahre nach dem Krieg wieder nach München und in die Frühlings-Oberrealschule am Regerplatz kam (am Hochufer der Isar über der Au, strenggenommen schon zu Haidhausen gehörig), waren unter dreißig Schülern vielleicht noch zwei gebürtige Münchner. Heute beherbergt die Volksschule am Mariahilfplatz zu 50% Klassen, in denen muttersprachlich-türkischer Unterricht erteilt wird.

Dennoch gibt es in der Au noch ein paar Stellen, an denen ein fast biedermeierliches München hervorblitzt, ein sozusagen frühproletarisches Biedermeier: in der Mondstraße oder hinten am jetzt schon fast ganz überbauten Auer Mühlbach. Nicht umsonst ist die Au die engere Heimat Karl Valentins, der in der Zeppelinstraße geboren wurde und in der Au aufwuchs. Und notabene! dieselbe Volksschule besuchte wie der Verfasser dieses.

Giesing und die Au liegen rechts der Isar, das heißt – historisch gesehen – außerhalb Münchens. Das alte, das ganz alte München lag nämlich ziemlich weit weg von der Isar, noch im 18. Jahrhundert floß die Isar, »weit draußen« vor den Mauern, und zwischen den Wällen und der Isar fand sich eine ganze Reihe von Dörfern und Vorstädten. Erst nach der Niederlegung der Stadtbefestigung und mit den großzügigen Stadtplanungen der Könige Ludwig I. und Max II. begann die Stadt ihre Vorstädte und auch die Dörfer jenseits der Isar zu überwuchern. Während die Altstadt im weiteren Sinn – die Stadt innerhalb des sogenannten »Zweiten Mauerringes« von 1600, den die Stadt bis 1820 nicht sprengte – umgekrempelt und im klassizistischen Sinn renoviert wurde, ergoß sich wie mit ungeheurem Druck eine »Baumasse« vom Zentrum aus nach allen Seiten hinaus in das Vakuum zwischen die alten Trabantendörfer. So blieb in der Altstadt vor lauter Klassizismus nichts Alt-Münchnerisches übrig, nur in den eigenartig dörflichen Kernen inmitten der Großstadtlava der Gründerzeit hat es sich sozusagen kristallisch erhalten. Im Dorf Sendling, das von dem neuen Stadtteil Fürstenried aus gesehen »mitten in der Stadt« liegt, gab es bis vor wenigen Jahren noch an einer Straße mit tosendem Verkehr einen richtigen

Bauernhof mit Misthaufen und allem. Gegenüber liegen die Kirche – die alte Sendlinger Kirche, das Muster einer prächtigen bayrischen Dorfkirche –, der Pfarrhof, der Friedhof und das Gasthaus. Wenn man sich die Verkehrsschilder, die Autolawinen und vor allem den Lärm und den Gestank wegdenkt, so hat man ein Idyll. Aber das half dem Sendlinger Bauern nicht viel, wenn er mit dem Heufuhrwerk an seinem Scheunentor warten mußte, bis endlich an der Ampel grün kam.

Ähnlich alt-münchnerische Kristalle finden sich in Harlaching, in Laim, in Großhadern, in Menzing, Allach und Feldmoching; eben in allen Dorfkernen um München, wobei das aber, wie gesagt, strenggenommen nicht alt-münchnerisch, sondern alt-harlachingerisch, alt-menzingerisch usf. ist. Das Selbstbewußtsein der einzelnen Stadtteile manifestiert sich nicht nur in den regionalen Publikationsorganen (›Neuhauser Anzeiger‹, ›Sollner Kurier‹) und in der Wahl eigener Faschingsprinzen, deren Umzüge meistens viel lustiger sind als der »offizielle« gesamtmünchnerische, sondern selbstverständlich auch in speziellen und eigenen Schutzpatronen. Neuhausen hat den Seligen Winthir zum Patron, einen Einsiedler, der vor vielen Jahrhunderten dort gelebt hat. Der Pfarrer von Neuhausen (die Pfarrei heißt Herz-Jesu), einer der eigenwilligsten Geistlichen in München, er heißt Fritz Betzwieser und kann an dieser Stelle nicht anders als damit charakterisiert werden, daß seine wundersamen Züge und die *wahren* Anekdoten über ihn ein eigenes Buch vom Umfang dieses hier füllen würden; die *unwahren* Anekdoten über ihn wären nur in Lexikon-Format zu behandeln; dieser H. H. Pfarrer Betzwieser hat eine Kiste Whisky ausgelobt für den Vater, der seinen Sohn »Winthir« nennen würde. Einer hat es bisher gewagt, allerdings nur für den zweiten Vornamen: Max Winthir... er bekam eine Kiste Sekt.

Im übrigen liegt südlich des Kanals »Neuhausen« und nördlich »Gern«. Auch Gern war noch zu Anfang unseres Jahrhunderts eine dörfliche Siedlung. Hinter den »Kapitalistenbehausungen« am Nymphenburger Kanal finden sich an der Tizian- und Malsenstraße die hübschesten Biedermeierhäuser ganz Münchens. Dort gibt es auch noch kleine Milch- und Bäckerläden, und vor einem dieser Läden habe ich das Gespräch zweier alter Frauen gehört, denn ich habe eine Zeitlang dort gewohnt.

»Mei«, sagte die eine zur andern, »jetzt wohn' i schon 54 Jahr' in der Böcklinstraß' und bin scho fast a echte Gernerin. Jetzt is mir die Wohnung kündigt worn und i muaß naus.« »Wo ziag'n S' denn hin?« fragte die andere. »O mei, o mei«, antwortete die erste, »nach Freimann. I komm' mir vor wie a Zigeuner.« Die alte Frau hätte genauso gut nach Husum ziehen können; sie wäre sich dort nicht fremder vorgekommen. »Übrigens«, fügte sie noch hinzu, »gebürtig bin i eigentlich vo Berg am Laim, aber da bin i, seit mei Muatta vor 40 Jahr' g'storb'n is, nimmer hinkommen.«

Neben dem schönen und eher feinen Bogenhausen nimmt innerhalb der Geosoziologie Münchens Schwabing einen besonderen Platz ein. Es ist schon fast überflüssig, über Schwabing etwas zu sagen. Nur so viel: auch Schwabing war ein Dorf. Ein paar Winkel um die Sylvesterkirche herum, an der Käfer- und Osterwaldstraße, geben das noch zu erkennen. Dann wurde es um die Jahrhundertwende das »Wahnmoching« der (allerdings meist preußischen) Künstler und Dichter, um nach dem Zweiten Weltkrieg ein Tummelplatz für billige Gaudi um teures Geld zu werden. Aber es wäre trotz allem ungerecht, Schwabing damit abzutun. Wenn auch die Leopoldstraße durch Betonieren des Leopoldparks und der Fei-

litzschplatz durch das offenbar von einem Designer für Herrenkosmetika-Verpackungen entworfene »Schwabinger Bräu« ruiniert sind, so hat doch Schwabing einen steten Glanz, dem man sich nicht entziehen kann.

Auch das Lehel – oder Lechel – gehört eigentlich nicht zur Altstadt. Es ist das jener schmale Strich, der sich zwischen den unmittelbar den Wällen vorgelagerten St. Anna- und Isar-Vorstädten und der Isar hinzog. Das Lehel war seit eh und je ein anrüchiges Viertel. Heute wird es von Versicherungs-Gesellschaften beherrscht. Dennoch finden sich im Lehel (zwischen Maximiliansbrücke und Annaplatz bis knapp an die Tivolibrücke) herzerfrischend alt-proletarische Häuserzeilen, schöne Wirtschaften und lebensgefährliche Stehausschanken. In letzter Zeit ist das Lehel – sonst ein Geheimtip unter Kennern – durch eine nahe an Revolte grenzende Bürgerinitiative bekanntgeworden, die den Ausverkauf des Lehels an die Versicherungen verhindern will. Es wird natürlich umsonst sein, da half auch jener geheimnisvolle Mann nichts, der vorwiegend im Lehel das Wort *Heiduk* in großen Buchstaben an alle Wände schrieb, ein früher, geheimnisvoller Vorläufer des segensreichen, nicht genug zu lobenden »Sprayers von Zürich«. Eine ganz andere Sache sind die beiden Franzosenviertel in München. Nicht, daß dort Franzosen wohnten, nein, das bezieht sich nur auf die Straßennamen. Man kann an den Namen ablesen, wann die Straßen gebaut wurden. Das eine Franzosenviertel fängt am Stachus hinter dem Alten Botanischen Garten an und entstand nach den »Befreiungskriegen«. Daß dieses Viertel ein Franzosenviertel ist, weiß schon fast niemand mehr. Die »Barer Straße« heißt so nach dem Gefecht von Bar-sur-Aube am 27. 2. 1814, die »Brienner Straße« nach dem Gefecht bei Brienne-le-Château am 29. 1. 1814 und die »Arcisstraße« nach der Schlacht bei Arcis-sur-Aube am 20. und 21. 3. 1814. Wie wenig Arcis-sur-Aube (nebenbei die Geburtsstadt Dantons) mit der Münchner Arcisstraße zu tun hat, ist aus der Aussprache zu ersehen. Der Münchner sagt: Artziß-Straße, selbstverständlich auch derjenige Münchner, der Französisch kann. Man hat auch keine Skrupel, einen Kammenbert (Camembert) im Geschäft zu verlangen. Zu dieser Aussprache haben sich sogar in München heimisch gewordene Franzosen bequemt.

Das zweite, ausgedehntere Franzosenviertel lagert um den Ostbahnhof. Es wurde in den siebziger Jahren des vorigen Jahrhunderts erstellt, und die Straßen heißen demzufolge: »Orléansstraße« (nach den Schlachten bei und um Orléans vom 6. 10. bis 5. 12. 1870, an denen sich das 1. bayrische Korps beteiligte), »Pariser Straße«, sowieso, auch »Sedanstraße«, »Weißenburger Platz« (4. August 1870, 2. bayrisches Korps unter Bothmer gegen die 2. französische Division und das 1. Korps unter Douay und Mac-Mahon), »Wörthstraße« (6. August 1870), »Bazeillesstraße« und »Balanstraße«. Bazeilles, ein Dorf bei Sedan, wurde am 1.9. 1870 vom 1. bayrischen Korps unter Von der Tann nach sechsstündigem Kampf gegen die französische Marineinfanterie genommen, wonach die Bayern mit dem Sturm auf Balan, einen Vorort von Sedan, die eigentliche Schlacht um Sedan eröffneten; selbstverständlich wurden sowohl Bazeilles als auch Balan dem ohnedies maltraitierten Erdboden gleichgemacht.

Zu Ehren jenes anonymen Halbgottes, der die Münchner Straßennamen aushecht, sei in diesem Zusammenhang vermerkt, daß nicht nur Schlachten mit siegreichem Ausgang zugunsten der Bayern in Straßennamen verewigt werden. Auch eigene Niederlagen werden verherrlicht. Wo gibt es das sonst auf der Welt? Die »Hanauer Straße« erinnert an eine der schmählichsten Schlappen bayrischer Waffen am 29. und 30. Oktober 1813, als der nach der Völkerschlacht bei Leipzig mit dem Rest seines Heeres fliehende Napoleon sozusagen mit der linken Hand seinem ehemaligen Verbündeten, dem bayrischen General Fürsten Wrede, der ihm gern ein Bein gestellt hätte, eine vernichtende Ohrfeige verabreichte. Das war bei Hanau im Hessischen. Man könnte einwenden, daß die »Hanauer Straße« nicht nach der peinlichen Schlacht so benannt sei, sondern ganz allgemein zu Ehren der Stadt Hanau. Nein, denn was kümmerte uns in München irgendeine kurhessische Kreisstadt (auch wenn in ihr die Gebrüder Grimm geboren sind)? Ist doch nicht einmal die kurhessische Hauptstadt Kassel durch eine »Kasseler Straße« geehrt. Und dann ist die Umgebung der »Hanauer Straße« ausgesprochen militärisch: Richthofen-, Manteuffel-, Gneisenau-, Dessauer- und Scharnhorststraße münden in die Hanauer Straße... lauter preußische G'schwollköpf'. Der anonyme Halbgott muß einmal einen masochistischen Tag gehabt haben.

Oder es war Föhn.

In der ersten Ausgabe dieses Buches waren wir damit bei diesem heiklen Klimakapitel, aber grad beim Föhn ist es recht und billig, daß wir seine Behandlung noch etwas hinausschieben – er hat es nicht besser verdient.

Wir kehren auf dem Absatz um und wenden uns nochmals – geführt von meinem Freund und Kollegen Hans Wolf Stoermer – den nach militärischen Niederlagen benannten Straßen zu. Hans Wolf Stoermer, nur durch die Ungunst der Umstände Jurist, eigentlich jedoch Privatgelehrter der überaus seltenen Fächerverbindung Tyrolistik-Judaistik, hat mich nach Erscheinen der ersten Ausgabe auf das Bogenhauser Straßennamen-Ensemble Kufsteiner-Platz/Pienzenauer Straße/Mauerkircher Straße hingewiesen, das an eine seltsame, ja peinliche Episode in der bayrischen Geschichte erinnert, sofern sich jemand die Mühe machte, sich daran zu erinnern, was aber wohl selbst von den Bewohnern jener Straßenzüge niemand tut. Wie schon mehrfach, müssen wir dazu weiter ausholen.

Nach dem Tod Kaiser Ludwigs des Bayern teilten seine Söhne und Enkel das Herzogtum in vier Teile und errichteten Residenzen zu Ingolstadt, Landshut, München und Straubing. Das war Anfang des XIV. Jahrhunderts. Die Straubinger Linie starb 1425 mit Herzog Johann III. aus, die Ingolstädter Linie zwanzig Jahre danach mit Herzog Ludwig VIII. dem Buckligen. Übrig blieben die Linien Landshut und München, von denen die Landshuter die edlere und feinere war. Ihre Herzöge Heinrich IV., Ludwig IX. und Georg führten alle den Beinamen »der Reiche«, und als Herzog Georg sich eine Frau suchte, tat er es nicht unter so etwas Exotischem wie einer polnischen Königstochter, der Prinzessin Jadwiga. Die »Landshuter Hochzeit«, deren Reproduktion im historischen Kostüm als eine Art weltliches Oberammergau in regelmäßigen Abständen bis in unsere Zeit herauf gefeiert wird, war eben jene Vermählung Georgs mit Jadwiga. Sein Münchner Vetter Herzog Wilhelm IV. begnügte sich im Gegensatz dazu mit einer vergleichsweise schlichten badischen Markgrafentochter als Ehefrau. Im Wettstreit des Söhne-Zeugens allerdings – darauf wurde oben schon hingewiesen – blieben die Landshuter auf der Strecke: Georg und Jadwiga überlebten nur zwei Töchter, die zwei Söhne starben jung.

Um nun das reiche Landshuter Erbe ja nicht an die Münchner Vettern fallen zu lassen, denen man es weniger als irgendeinem anderen gönnte, verheiratete Herzog Georg seine ältere Tochter und Erbin Elisabeth mit einem weit entfernten Vetter, dem Prinzen Ruprecht von der Pfalz (der Sohn aus dieser Ehe war der später so berühmte Kurfürst Ott-Heinrich), und nicht genug damit: Georg adoptierte dann auch gleich seinen Schwiegersohn, um den Erbgang ganz sicher zu machen.

Aber die Münchner Vettern, vor allem der resolute und gar nicht zimperliche Herzog Albrecht IV., ließen sich das natürlich nicht gefallen. Sie handelten zweispurig. Einesteils verwiesen sie auf die Rechtslage – nach dem Hausvertrag von Pavia, der die Erbfolge im Stamme Wittelsbach regelte, war eine Adoption nicht vorgesehen ... allerdings auch nicht ausdrücklich ausgeschlossen; eine Klage der Münchner Herzöge beschäftigte den Reichstag, der, längst nachdem die Sache erledigt war, zugunsten des Münchner Standpunkts entschied – einesteils also beschritten die Münchner Herzöge den Rechtsweg, andernteils schlugen sie zu. Es entwickelte sich der Bayrische Erbfolgekrieg, der mit der Erbitterung des Streits unter Verwandten unter Hervorkehrung widerwärtigster Grausamkeiten geführt wurde. Der Kaiser Maximilian ergriff die Partei der Münchner Herzöge und ließ sich dafür die bisher zu Bayern (und zwar zum Landshuter Erbe) gehörenden Ämter Kufstein, Kitzbühel und Rattenberg abtreten sowie das Gericht Mondsee, die alle den habsburgischen Erblanden – die drei Ämter der Gefürsteten Grafschaft Tirol – einverleibt wurden. Die Okkupation verlief reibungslos, nur die Festung Kufstein wehrte sich. Der tapfere Kommandant der Festung Kufstein (Schloß Geroldseck) kämpfte auf verlorenem Posten: verlassen von seinem eigenen Herzog, ja von ihm quasi verkauft, belagert von der Übermacht des kaiserlichen Heeres. Der Kommandant hieß Pienzenauer. (Aha! Pienzenauer-Straße). Zunächst war Pienzenauer noch übermütig, ließ mit Besen die Mauern der Festung nach den Salven der Beschießung abkehren, um darzutun, daß er die feindlichen Kugeln für Kehricht und Dreck erachtete. Maximilian ließ daraufhin aus dem Zeughaus von Innsbruck die zwei gewaltigsten Kanonen, die es damals überhaupt gab, auf Flößen nach Kufstein herunterschaffen: den berüchtigten »Burlebas« und den nicht minder berüchtigten »Weckauf«. Nach langen und umständlichen Vorbereitungen wurden sie in Stellung gebracht und abgefeuert. Der Knall und der Rückstoß legte zwar einige kaiserliche Kanoniere um, als sich aber der gewaltige Rauch verzog, applaudierten die aus sicherer Entfernung von eigens errichteten Tribünen herab dem Kriegstheater zuschauenden Hofdamen, und auf der Festung zeigte sich in der Mauer ein großes Loch und auf dem Turm eine weiße Fahne.

Die verschreckte Besatzung kam heraus und gab sich gefangen, allen voran der kleinlaut gewordene Pienzenauer, der auf Befehl des edelmütigen und ritterlichen Kaisers (er führte ja den Titel »der letzte Ritter«) für seine Tapferkeit gelobt und unverzüglich geköpft wurde. Wieder applaudierten die Hofdamen.

Daß jener schon erwähnte anonyme Halbgott den Platz in Bogenhausen nach der für immer verlorenen bayrischen Festung Kufstein benannte, ist vielleicht verständlich, ebenso die Benennung der Pienzenauer Straße nach dem tapferen und unglücklichen Kommandanten, wenn er auch gegen den ausdrücklichen Befehl tapfer war. Daß man aber die danebenliegende Straße nach dem Befehlshaber der siegreichen tirolisch-kaiserlichen Truppen Mauerkircher benannte, ist wiederum wie bei der Hanauer Straße mit verstecktem Masochismus zu erklären. Oder es war Föhn. Womit wir endgültig bei diesem Phänomen angelangt sind. Der Föhn ist das klimatische Auf und Ab des Münchners. Es gibt zwar noch andere Feststellungen zum Münchner Klima, zum Beispiel sagt Roda Roda sehr treffend: »München, die Hauptstadt der Erde, liegt unter 48°10′ nördlicher Breite und 11°35′ östlicher Länge. Dieser Lage, soweit nach Osten vorgeschoben, verdankt München seine herzlichen Beziehungen zu den kraushaarigen Völkern: über Salzburg, das Tor des Balkans, strömen die begabten Schlawiner zu. Der Schwabinger Breitengrad, wieder der 48., schneidet anderswo New Foundland und Sachalin; daher das Klima. Es ist wechselnd. Im Vorfrühling haben wir Regenstürme, daß kein fühlender Mensch einen neuen Anzug aus dem Haus jagt. Es folgen jene Aprilschauer, die für den Münchner Juni so charakteristisch sind. Im August etwa nimmt der Winter bei uns Sommeraufenthalt. Der September ist schön. Vom November kann man's nicht verlangen. Und ehe man sich recht besonnen hat, ist wieder der Frühling da.« Aber das wichtigste ist doch der Föhn.

Der Föhn ist ein Mittelding zwischen Naturphänomen und Massenhypochondrie. Der Föhn ist ein »warmer trockener Fallwind, der auf der Alpennordseite, oft mit großer Heftigkeit, talwärts weht«

(Brockhaus, 17. Auflage). Der Name »Föhn« stammt zwar aus dem Lateinischen – favonius = lauer Westwind – und kam über die Schweiz zu uns, der Münchner hört es aber sehr ungern, daß es irgendwo anders auch einen Föhn gibt. Der Münchner würde auf Weißwürste, den Bischof, die Feldherrnhalle, den lieben Gott, ja selbst auf den Augustiner-Keller und die Tauben-Mutterln verzichten – auf den haßgeliebten Föhn könnte er nicht verzichten. Der Föhn ist gewissermaßen der Stachel, an dem er, wenn er ihn spürt, merkt, daß er lebt. Wenn schon anderswo und gelegentlich Föhn wehen sollte, dann legt der Münchner zumindest Wert auf die Feststellung, daß München die weitaus höchste Zahl meteorologisch anerkannter, tadelloser Föhntage hat. Und der Föhn anderswo ist natürlich qualitativ rein nichts gegen den Münchner Föhn. Nun darf man aber nicht meinen, man spüre den Föhn körperlich in dem Sinn, daß ein Wind weht. Mitnichten: der Föhn tritt auch – was den Zugereisten anfangs verwirren mag – bei absoluter Windstille auf. Ist ein Münchner besonders grantig, und fragt ihn ein Fremder – nur ein Fremder kann da noch fragen –, was er denn habe, so antwortet der Münchner in neun von zehn Fällen: »Heit is Föhn.« »Aber ich spüre doch keinen Luftzug. Der Föhn ist doch ein Wind, der

von den Alpen etc. etc.« »Sehns', was Sie für a G'wasch red'n. Sie merken an Föhn aa scho.«
Der Föhn kann also materiell oder immateriell auftreten. Nicht nur die Windstille kann den Föhn nicht am Eindringen in die Stadt hindern, das kann nicht einmal ein scharfer Nordwind. Wollte man argumentieren: bei scharfem Nordwind kann doch kein lauer Südwind gleichzeitig wehen, machte man sich meteorologischer Zimperlichkeit verdächtig. Der Föhn weht, wo er will, wie er will, wohin er will, und er weht vor allem dann, wenn er nicht weht. Auch an Jahreszeiten ist der Föhn nicht gebunden. Zwar gibt es verschiedene Theorien. Alfons Doppelmeier*, der das

* Alfons Doppelmeier (1870–1958) war Hausbesitzer in der Au. Er hatte keine andere Leidenschaft als das Wetter. Als er 22 Jahre alt war, also 1893, begann er das Wetter in München zu registrieren. Da er keinen Beruf auszuüben brauchte – er führte eine schöne, man muß schon sagen: Standesbezeichnung: Privater oder Privatier –, konnte er sich ganz seiner Leidenschaft der Wetterbeobachtung widmen.
Er machte das nach fast künstlerischen Gesichtspunkten. So verzeichnete er z. B. sämtliche merkwürdigen Wolkenbildungen nach Objektgruppen. Sein obengenanntes Büchlein vermerkt, daß am 6. August 1912 über dem Nockherberg eine dem Prinzregenten Luitpold ähnliche Wolkenbildung zu sehen war, am 18. September 1913 erschien über der Maximilianskirche eine Wolke in Gestalt I. K. H., der Prinzessin Pilar im Profil, am 22. Juli 1917 gar ein nahezu ganzfigürliches Wolkenportrait Sr. Majestät, weiland König Max' II. im Jagdkostüm, und sogar noch nach dem Sturz der Monarchie, am 14. März 1921, konnte man in einer kleinen Wolke über der Obergiesinger Kirche deutlich den Kopf des Kronprinzen Rupprecht erkennen. Das stammt alles aus der Objektgruppe: ›Allerhöchstes Herrscherhaus‹.
Andere Objektgruppen heißen: »Tiere; a) jagdbare, b) nicht jagdbare, c) Insekten«, »Religiöses (nach Konfessionen gegliedert)«, »Haushalts- und Gebrauchsgegenstände« (eine der schönsten Wolkenbildungen, die er jemals gesehen habe, schreibt Doppelmeier, sei am 4. April 1932 um 6 Uhr abends ein Schuhknöpfler im Abendrot gewesen**).
Was mir Alfons Doppelmeier besonders sympathisch macht, ist, daß er einen Hitlerkopf, den er am 31. Juli 1937 über der Theresienwiese beobachtet hatte, unter »Unanständiges« registrierte.
Doppelmeier verließ München selbstverständlich keinen Tag lang. Im Ersten Weltkrieg war er bereits zu alt, im Zweiten erst recht. Der Evakuierung 1944 entzog er sich mit Hartnäckigkeit und List. Damals hatte er bereits seine Häuser seinem Sohn übergeben, der nun seinerseits »Privatier« wurde. Der alte Doppelmeier bezeichnete sich seitdem als »Priva-

Münchner Wetter von 1892 bis 1958 sorgfältig registriert und in seinem kleinen Büchlein ›60 Jahre Wetter und Unwetter über meiner Heimatstadt‹ kommentiert hat, kommt zu dem Schluß, der Föhn sei im Herbst besonders tückisch. Die Wetterwarte bestreitet das. Dr. Kajetan Zirl, der langjährige Leiter der Münchner Wetterstation, litt an klaren, kalten Wintertagen oft so am Föhn, daß er unfähig war, anders als durch die Tatsache, daß er dazu unfähig war, das Wehen des Föhnes amtlich festzustellen.

Den Föhn erkennt man zumeist an der klaren Luft und daran, daß man von hohen Punkten der Stadt aus die Berge sieht. Aber auch daran ist der Föhn nicht gebunden. Es gibt Föhn bei Dunst, bei Regen, bei Nebel und bei Schneefall. Daß bei Föhn die Berge zu sehen sind, ist seine einzige gute Eigenschaft. Sonst hat er nur schlechte, er macht nämlich die Münchner: schläfrig, aufgeregt, durstig, hektisch, träge, durstig, hungrig, appetitlos, durstig, streitsüchtig, abgeschlafft, durstig, kurzsichtig, weitsichtig, durstig, nachtragend, vergeßlich, durstig, er bringt von Kopfschmerzen bis Sonnengeflechtsschwellungen sämtliche Krankheiten mit sich, eventuell schon vorhandene Krankheiten werden durch Föhn schlimmer, und er macht durstig. Bei Föhn fahren Autofahrer links, parken im Halteverbot, fahren bei Rot über die Kreuzung. Die Polizei schreibt bei Föhn mitunter diejenigen auf, die bei Grün über die Kreuzung fahren. Der Föhn verursacht

---

tier in Ruhe«. 1952, nachdem er sechzig Jahre lang das Wetter beobachtet hatte, gab er das genannte Büchlein heraus. Die Wetterbeobachtungen bis zu seinem Tode 1958 sind noch unveröffentlicht, obwohl sie eine ganze Reihe von eigenwilligen und kühnen Feststellungen enthalten.

** Ein Schuhknöpfler ist ein heute ausgestorbenes Instrument, ein langer Haken mit Griff, mit dem die Frauen und Mädchen ehemals die hohen Knopfstiefel zuknöpfelten, indem sie mit dem Haken von außen durch das Schuhknopfloch fuhren, den Knopf ergriffen und mit einer bloßen Drehung der Hand den Knopf durch das Loch zogen.

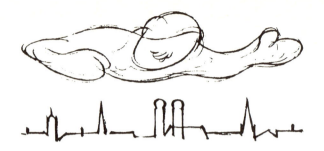

schlechte Theateraufführungen, mißlungene Konferenzen, verlorene Fußballspiele, Fehlurteile bei Gericht, auch der Beschluß, die Olympischen Spiele nach München zu holen, wurde an einem Föhntag gefaßt.

Die Föhnkrankheit tritt in zwei Spielarten auf, und so unterscheidet sich die Münchner Bevölkerung nicht nur nach Männern und Weibern, nach SPD- und CSU-Wählern, nach FC Bayern- und Sechziger-Fans, sondern vor allem nach Vor-, Haupt- und Nachföhnern. Der Vorföhner leidet, wenn der Föhn noch nicht, der Nachföhner, wenn er nicht mehr da ist, der Hauptföhner dazwischen. Selbstverständlich gibt es auch kombinierte Föhner, Vor- und Nach-, die nicht genau wissen, ob sie schon oder noch unter dem Föhn leiden, und ganz Privilegierte, die gleichzeitig Vor-, Haupt- und Nachföhner sind und aus dem Ächzen und Stöhnen praktisch nur für die vierzehn Tage herauskommen, die sie im Sommer in Rimini oder auf Mallorca verbringen. Ganz besonders Sensible werden sich aber auch davon nicht abhalten lassen, und was ein ganz echter Föhner ist, der merkt sogar in Bangkok zum Beispiel, wenn am Marienplatz Föhn herrscht.

Unter Föhn zu leiden, ist ein Privileg der Münchner. Es gilt als Anbiederung, wenn ein Zugereister, womöglich ein Preuße, schon in den ersten Tagen über

Kopfschmerzen wegen Föhn klagt. Denn es ist nahezu ein Münchner Statussymbol, möglichst stark unter Föhn zu leiden; mehr noch: wer nicht unterm Föhn leidet, der gilt gar nicht als echter Münchner. Da gab es den Fall jenes Münchners, dem der Föhn nichts anhaben konnte, ja, der den Föhn nicht einmal spürte. »Ist heute Föhn?« fragte er oftmals erstaunt seine Kollegen im Büro. »Was?« sagten die Kollegen, »Sie spüren den Föhn nicht?« Der Mann wurde ganz unglücklich. Er probierte alles, lauschte in sich hinein, achtete bei garantiert echten Föhntagen – an denen man von den Frauentürmen aus das Weiße in den Augen der Watzmann-Gemsen sehen konnte – auf die feinsten Regungen in seinem Hirn, ob nicht doch ein leiser Schmerz aufkäme... nichts. Der Mann wurde mit der Zeit überhaupt nicht mehr ernst genommen. Er wurde nicht befördert, die Eidesfähigkeit wurde ihm abgesprochen, kein Mädchen wollte mit ihm etwas zu tun haben; als sein Beichtvater, der im Beichtstuhl unterm Föhn ächzte, von der Föhnunanfälligkeit des Mannes erfuhr, versagte er ihm die Absolution. Da hängte sich der Mann auf.

»Der Föhn!« sagten mitfühlend die Nachbarn, zu spät.

Im übrigen ist das Klima Münchens mit dem einen Wort am besten umschrieben, das in Doppelmeiers meteorologischen Aufzeichnungen am häufigsten auftaucht: Sauwetter. »Gegenden nördlich des Alpenhauptkammes«, faßt Doppelmeier im Nachwort seines Buches zusammen, »müssen aus klimatischen Gründen als für menschliches Leben ungeeignet angesehen werden.«

II Besonderer Teil:
Von den einzelnen Sportarten

A Anstrengende Sportarten, das sind in der Regel solcherne, die wo in der frischen Luft stattfinden

Hier beginnt der sozusagen besondere Teil dieses Buches, der von den einzelnen bayrischen Sportarten handelt. Es gibt vier Gruppen, in die sich diese Sportarten einteilen lassen. Da sind zunächst die Anstrengenden Sportarten, zu denen zumeist jene gehören, die in der frischen Luft stattfinden. Die frische Luft gilt dem Bayern seit eh und je als vorwiegend schädlich. Er meidet sie, er hält sie nach Möglichkeit von seiner Behausung fern, was man unschwer an den anheimelnd kleinwinzigen Fenstern der Bauernhäuser ablesen kann. Es ist ja auch wahr: was passiert nicht alles in der frischen Luft. Jesus Christus wurde in der frischen Luft gekreuzigt, der hochverehrte und geliebte König Ludwig II. wurde, wie kein Zweifel ist, auf Bismarcks Befehl von Geheimrat Gudden in den Starn-

berger See gestoßen – also in frischer Luft. So gut wie alle Autounfälle ereignen sich in frischer Luft, und häufig ist der Schnupfen auf zu ausschweifenden Genuß frischer Luft zurückzuführen. Demgegenüber finden fast alle Annehmlichkeiten des Lebens, also Essen, Trinken, Kartenspielen, Schlafen, Reden, Geschlechtsverkehr außerhalb frischer Luft statt. Der Fremdenverkehr hat die Abneigung des Bayern gegen die frische Luft noch verstärkt, denn der Kult, den die Preußen mit frischer (frisch bedeutet im alpenländischen Sprachgebrauch stets auch »kalt«) Luft treiben, mußte den Bayern abstoßen. Das begreift man, wenn man ein einziges Mal eine preußische Familie barfüßig, womöglich mit der sogenannten »norddeutschen Hammerzehe« behaftet (einer zehen-physiologischen Eigenart nördlicher Völkerschaften) durch den Frühtau hat hüpfen sehen. Die zylindrischen Beine der Preußin stampfen den fruchtbaren und unschuldigen bayrischen Boden, ihr Geschrei erfüllt die Luft, die Tiere ziehen sich erschreckt in den Wald zurück, selbst die Kuh schaut weg. Die Unersättlichkeit dieser »Frischluftgenießer« geht zum Teil so weit, daß sie, wie das Vieh, sogar im Freien essen. Freilich ereilt sie dann oft genug die gerechte Strafe in Form von Ameisen, die ihnen ihre Marmeladenstullen auffressen.

Man sieht, die Abneigung des Bayern gegen die frische Luft hat starke soziologische Aspekte. In der frischen Luft halten sich hauptsächlich niedere Lebewesen auf: das Vieh, die Sommerfrischler und Landstreicher.

Manchmal läßt es sich aber auch für den Bayern nicht umgehen, sich der frischen Luft auszusetzen: bei der Arbeit auf dem Feld, im Wald, bei den Anstrengenden Sportarten, bei Prozessionen oder ähnlichen Gelegenheiten. Ergibt sich eine solche Gelegenheit, trifft der Bayer Vorkehrungen gegen die schädliche Wirkung der frischen Luft. Bei Prozessionen wird Weihrauch in dichten Schwaden erzeugt, auf dem Feld oder bei der Jagd raucht man eine Pfeife. Der ziemlich verbreitete »Landtabak-Krüllschnitt« bietet Gewähr dafür, daß zwei- bis dreihundert Meter im Umkreis des Rauchers nicht mehr von frischer Luft gesprochen werden kann. Raucht er nicht, so verstopft sich der Bayer die Nase mit Schnupftabak (»Lotzbeck No. 2«), der nach dem Prinzip der Gasmaske die Frischluft vom Organismus fernhält. Beim Sport spielt sowohl der Rauch als auch jene kleine Taschenflasche eine große Rolle, aus der der Sportler so oft wie möglich einen Schluck nimmt, um auch in freier Natur das Gefühl zu haben, im Wirtshaus zu sein.

Und damit sind wir bereits beim Eisstockschießen.

1. Das Eisstockschießen
  oder
  Auch die Kälte macht Durst

Das Eisstockschießen soll dadurch entstanden sein, daß sich Holzknechte dicke Scheiben von den Stämmen geschnitten und diese Scheiben in flachen Riesen (den vereisten Holztriften) um die Wette haben gleiten

lassen. Diese Herkunft mag auch erklären, daß der Schnaps ein unerläßlicher Bestandteil des Eisstockschießens ist. Ein fremdstämmiger Einwohner außerbayrischer, insbesonders nördlicher Provenienz, kann schon deswegen kein zünftiger Eisstockschütze werden, weil er die Bezeichnung für die Eisstockmannschaft nicht aussprechen kann: Moarschaft. Dennoch, und obwohl findige Funktionäre sogar bayrisch-österreichische Weltmeisterschaften im Eisstockschießen arrangieren (wo in Sportdreß und ganz ohne Schnaps angetreten wird), ist das Eisstockschießen im Gegensatz zu fast allen anderen Sportarten politisch gutartig.

Sport ist, wie man weiß, nicht nur ungesund und gefährlich, sondern auch völkertrennend und in hohem Grade geeignet, Nationalismus zu erzeugen. Nicht umsonst fördern und förderten faschistische und faschistoide Staatssysteme, von Nazi-Deutschland bis Rot-China, den Sport. Erst in jüngster Zeit ist ein Krieg in Mittelamerika wegen eines Fußballspiels ausgebrochen. Sportliche Niederlagen werden als nationale Schande empfunden. Das ginge noch: aber gegen den fremden Sieger richtet sich nationaler Haß. Im Sport erfolgreiche Nationen empfinden sich als Herrenmenschen, die Unterlegenen werden als minderwertig betrachtet. Bei keiner Gelegenheit spielen Fahnen und Nationalhymnen eine so große Rolle wie bei internationalen Sportveranstaltungen. Wilhelminische Flottenparaden waren ein konziliantes Nichts dagegen. Es ist allbekannt, daß der Teufel meist dort seine Hand im Spiele hat, wo dauernd von Gott geredet wird. So erkennt man auch die Brutstätten des Chauvinismus daran, daß dort so oft wie möglich von ›Völkerverständigung‹ die Rede ist. Genausowenig wie das aztekische Keulenspiel über seine Heimat Mexiko hinauszudringen vermochte, wurde – zu seinem Glück – das Eisstockschießen über die Grenzen Bayerns und Österreichs hinausgetragen; mit dem Curling kann es nur ein Preuße verwechseln, wobei allerdings zu vermerken ist, daß das Curling-Spiel aus Schottland stammt, dessen kryptische Verbundenheit mit Bayern schon im Allgemeinen Teil erwähnt ist.

Zwar sind dem Eisstockschießen klimatische Grenzen gesetzt; Äthiopien etwa oder Sizilien könnten schwerlich Eisstock-Gebiete werden. Aber das allein würde seine bayrische Exklusivität nicht erklären. Man denke nur an Skifahren, dessen klimatisches Problem ähnlich gelagert ist. Was ist aus dieser ehemals zweckmäßigen und vielleicht sogar charmanten Fortbewegungsart norwegischer Landbriefträger* alles geworden! Das Eisstockschießen ist ganz einfach nicht geeignet, als »Wertmesser« zwischen Staaten oder Völkern mißbraucht zu werden. Nur »Eingeweihte« verstehen es zu spielen.

* Diese Charakteristik: »Skifahren ist eine Beschäftigung für norwegische Landbriefträger« stammt von niemand geringerem als Richard Strauss. Der greise Meister machte diese hervorragende Bemerkung zum Glück in Gegenwart Kurt Wilhelms, der somit in der Lage war, sie in seinem Buch ›Alle sagen Dickerchen‹ zu tradieren.

Eine Gruppe von Männern steht auf dem Eis. Sie tragen Lodenmäntel oder kurze, ziemlich unförmige, offenbar wattierte Überröcke, Bundhosen und Trachtenhüte. Seltener ist einer drunter, der einen Anorak und Keilhosen anhat. Das Eis ist in sauber getrennte Bahnen eingeteilt, jeweils drei nebeneinander. Es ist saukalt. Die Männer verstecken ihre Hände in den quergestellten Taschen ihrer Mäntel und schauen gespannt in eine Richtung. Einer der Männer tut dann

eine Hand aus der Tasche, wohlweislich läßt er die andere drin, wegen der Kälte. In der freien Hand hält er den Eisstock. Der Mann bückt sich. Das Kinn ist nach vorn gereckt, ein Bein abgestützt, der Blick fixiert das andere Ende der Bahn. Der Eisstock am Arm des Mannes pendelt und schwingt und wird dann lautlos irgendwie fast sanft, aber doch voll versteckter Kraft entlassen und gleitet drehend über die Bahn. Sogleich richtet sich der Mann wieder auf, steckt die Hand wieder ein und folgt dem Stock. Sechs-, achtmal wiederholt sich dieser Vorgang. Ein Mann nach dem andern geht hinüber, bis alle wieder drüben versammelt sind. Es ist natürlich immer noch eiskalt. Die Eisstöcke stehen vor den Füßen der Männer herum. Nun nehmen die Männer kleinere Gegenstände aus

der Tasche. Die Gegenstände sind aus Glas und glitzern in der Wintersonne. Von den Gegenständen wird der Verschluß abgeschraubt. Die Männer werfen den Kopf ins Genick, die Gegenstände werden an den Mund geführt. Der Blick richtet sich nun gegen den Himmel. Sie danken, heißt es, ihrem Schöpfer für jeden Schluck. Offenbar sind sie ein frommes Volk, die Eisstockschützen.

Die Bahn spiegelt. Das Spiel geht weiter. Mit einem ganz besonderen, trockenen Geräusch, einem unverwechselbaren Mittelding aus Klicken und Knall, stößt ein kräftiger »Läufer« einen bockigen »Bremser« von der »Taube« weg. Ein kurzer Freudenschrei bei der glücklichen Moarschaft. Wieder werden jene blitzenden Gegenstände aus den Taschen genommen, und wieder erhebt sich der Blick zum Himmel, der, wie kann es anders sein, weiß-blau ist. Aber das ist die einzige Fahne bei dieser Sportveranstaltung, und gegen die ist ja wohl nichts einzuwenden.

2. *Maibaumklettern und denselben eventuell stehlen*

Es wird nicht verwundern, daß alle jene Sportarten, die im Freien ausgetragen werden, dem Bayern a priori als anstrengend erscheinen, da schon beim Hinaustreten in die frische, also kältere und naturgemäß zähere Luft ein gewisser Widerstand überwunden werden muß.

Bezeichnend für die Tatsache, daß der Bewohner der Alpenländer den Aufenthalt in frischer Luft als Ausnahmezustand ansieht, sind die Volkslieder. Sie besingen häufig Fakten wie »Ich bin im Wald«, »Wenn ich über die Berge geh«, und so fort. Es sind ja nur die Ausnahmesituationen besingenswert, und es gibt kein Volkslied, das »Wenn ich im Wirtshaus sitz« oder »Ich lieg im Bett« heißt. Solche Situationen sind selbstverständlich.

Der Maibaum ist nur bedingt eine Sportart – wenn, dann allerdings eine exemplarisch frischluftig-anstrengende –, sondern zunächst einmal ein Brauchtum, das, wie jedes Brauchtum, das auf sich hält, bis weit in heidnische Zeiten seine Wurzeln hinunterschlängelt. Der Maibaum ist der Überrest einer Vielzahl von Zeremonien, die sich um das Wiedererwachen der Natur im Frühling gebildet haben. Es gab Laubeinkleidungen, Wettaustreiben, Umritte, das Kranz- und Bossel-

stechen, den stark erotisch eingefärbten Mailehen-Brauch (die Versteigerung der schönsten Dorfmädchen für ein Jahr, ein Brauch, den bereits Herodot – I, 146 – bei den illyrischen Venetern beobachtet hat), das Maientreiben und das Maienbad – von dem noch am Schluß des Kapitels die Rede sein wird.

All dieses Brauchtum ist so gut wie verschüttet, nur der *Maibaum* blüht noch – im übertragenen Sinn, denn in Wirklichkeit blüht er ganz und gar nicht mehr. Der Maibaum ist ein großer und starker Baum aus dem Gemeindewald (oder von einem reichen Bauern gestiftet), der abgesägt, von den Ästen befreit, weiß-blau angemalt und mit symbolischen Darstellungen (meist der Berufsstände) geschmückt und dann auf dem Dorfplatz verkehrsbehindernd aufgestellt wird. Daß ausgerechnet der Maibaum alle anderen heidnischen Maiensitten überlebt hat, hat einen politischen Grund. In der Französischen Revolution grassierte die – durch Erlaß des Nationalkonvents vom 4. Pluviôse II gesetzlich sanktionierte – Sitte, sogenannte »Arbres de la liberté« zu pflanzen. Die Bourbonen ließen nach der Restitution 60000 solcher Freiheitsbäume fällen. In der Julirevolution von 1830 wurden die Bäume aber wieder gepflanzt, 1848 erneut beseitigt. Als diese revolutionäre Gepflogenheit nach Deutschland (zuallererst auf die bayrische Pfalz), übergriff, gestaltete man vorausschauend die Bäume von vornherein sozusagen flexibel und verwischte den aufmuckerischen Charakter

der Bäume durch die Kreuzung mit den althergebrachten Maibäumen. Da der Maibaum ohnedies bald zum bloßen Anlaß für Volksgaudi herabsank, störte er auch die staatlichen Systeme nach 1848 nicht, wenngleich durch die Arbeitermaifeiern (seit 1889) ein schiefes Licht auch auf den bereits verharmlosten Maibaum fiel.

Das Aufstellen eines Maibaumes in einem Dorf ist stets ein Volksfest (das übrigens durchaus nicht im Mai stattzufinden braucht). Selbstverständlich wird der Maibaum in feierlicher und lautstarker Prozession unter Vorausmarschieren der Feuerwehr und der Musikkapelle aus dem Wald eingeholt, dann wird er unter Verbreitung dichter Weihrauchschwaden vom Pfarrer geweiht. Das Aufstellen des Baumes erfordert viele Stunden. Manchmal fällt der oft fünfzehn oder zwanzig Meter hohe Baum um, erschlägt einen Dorfbewohner und trägt damit das Seine dazu bei, eine Bevölkerungsexplosion zu verhindern. Auf dem endlich aufgestellten Maibaum werden ganz oben Würste befestigt. Beherzte Angehörige der Dorfjugend erklettern im Wettstreit den Stamm und holen sich Ruhm und Würste herunter.

Der eigentlich sportliche Aspekt des Maibaums aber hat einen leichten Hieb ins Kriminelle: das Maibaum-Stehlen. Ziemlich früh wurde erkannt, daß man sich die Mühe des Fällens, Entästens, Schälens, Anmalens usw. ersparen kann, wenn man in der Nachbargemeinde den fertigen Baum entwendet. Ein besonders günstiger Zeitpunkt dafür ist die Nacht, die dem Festtag des Maibaum-Aufstellens vorangeht, denn in dieser Nacht liegt der Maibaum in aller Regel bereits geputzt und vorbereitet auf dem Dorfplatz, und man braucht ihn sich nur zu holen. Nun sind natürlich die rechtmäßigen Eigentümer des Maibaumes auch keine heurigen Hasen. Es werden Wachen aufgestellt. Diese Wachen aber können bestochen, betrunken gemacht, durch Scheinangriffe von falscher Seite oder sündige Anfechtungen seitens eines eigens rekrutierten weiblichen Hilfskorps weggelockt werden, usw. Es ergibt sich die ganze Skala strategischer Finessen bis zum Vergeltungsschlag und Präventivkrieg, und das alles wandelte sich im Lauf der Zeit und nahm das Ansehen sportlichen Tuns anstelle des einer Straftat an. Dagegen ist gewiß nichts einzuwenden; beim Boxen ist es auch nicht anders.

Ein ganz anderer Aspekt des Maienkults hat sich ebenfalls in gänzlich abgewandelter Form erhalten: das Maienbad. Es galt als jungerhaltend und kräftefördernd, wenn man im Frühtau des ersten Maitages ›badete‹. Das heißt, die Jugend wälzte sich in der Nacht vom 30. April zum 1. Mai nackend auf den Wiesen. Welche Kräfte der Maitau da förderte, braucht man

wohl nicht zu beschreiben, und alles, was mühselige Hippies und wurzellose Linke an sogenanntem Gruppensex und freier Liebe abhaspelten, ist für den traditionsbewußten Bayern ein alter Hut. Das gibt es heute schon gar nicht mehr. Nur der Pfarrer Kneipp aus dem bayrischen Schwaben hat den gesundheitsfördernden Aspekt des Maibadens in seine Wasserkuren übernommen. Doch hat er durch die Einführung eines antisexuellen Kleidungsstückes, das nach ihm »Kneipp-Sandale« heißt, und durch die Erfindung des heftige Unlust hervorrufenden Kneipp-Malzkaffees geschlechtlichen Ausschreitungen wirksam vorgebeugt.

3. Kirchweih und Oktoberfest als Konditionstraining oder
Das Raufen

Volksfeste gibt es nicht nur in Bayern, obgleich der Bayer für den »Hamburger Dom« oder gar den »Rheinischen Karneval« nur ein nachsichtiges Lächeln hat. Während man anderwärts zu einer bestimmten Zeit auf ein Volksfest geht, mit dem Vorsatz sich zu amüsieren, sich dort vielleicht sogar amüsiert und danach friedlich in den häuslichen Alltag zurückkehrt, empfindet der Bayer ein Volksfest *total*. Er stürzt sich in das Vergnügen – nicht mit dem Vorsatz, sich zu vergnügen, sondern mit seinem Schutzschild »Grant« gewappnet –, er wirft seine Persönlichkeit voll und ganz dem Volksfest in den Rachen, hält sich, stetig noch grantiger werdend, in demselben fest und klammert sich auch dann noch an das Vergnügen und insbesondere an den Maßkrug, wenn das Volksfest längst begonnen hat, seine Kinder auszuspucken. Erst wenn der abgeräumte Festplatz eine Wüste ist, kriecht der

Bayer, jetzt erst recht grantig, auf allen vieren von dieser Wüste, innerlich selbst eine solche.

Diese totale Einstellung zum Volksfest kommt wohl von der Auffassung des *Lebens als Fest,* das dem Bayern von Urzeiten an innewohnt. Der bayrischen Mentalität ist der Bestandteil »Arbeitsethos« fremd. Das heißt nicht, daß die Bayern faul wären, aber sie betrachten die Arbeit als Ausnahme. Ein Bayer, der gern arbeitet, gilt als verdächtig. Gibt es doch einen, der gern arbeitet, so gibt er es zumindest nicht zu. Richard Strauss, ein echter Bayer – Sohn eines kgl. bayr. Hof-Hornisten und einer Bierbrauerstochter –, hat immer über das Komponieren geklagt, obwohl unterstellt werden darf, daß es ihm heimlich Freude gemacht hat. Die Freude zugegeben hat er selten, und wenn er geschrieben hat, dann nur unter betonter Hervorkehrung des bayrischen Grants. Es ist eine Anekdote überliefert: Richard Strauss saß mit Freunden beim Kartenspiel*. Da kam seine bekanntlich resolute Frau Pauline dazu und herrschte ihren Richard an: »Was ist? Willst du nicht komponieren?« Richard legte ärgerlich die Karten weg und schlurfte zum Flügel. »Jetzt hau' ich ihnen aber ein paar Dissonanzen hinein«, ließ sich der Komponist im Hinausgehen noch hören. Das Werk, an dem er schrieb, war die ›Elektra‹.

Die Arbeit begreift also der Bayer als Last, allenfalls als Mittel zur Askese. Das Feiern ist die Regel, das Werken die Ausnahme. Berühmt ist der Münchner Festkalender, der nahezu lückenlos das ganze Jahr umspannt: auf Weihnachten und Silvester folgt unverzüglich der Fasching, der wiederum fast nahtlos in die Starkbierzeit übergeht, an die Ostern anschließt. Dann

---

* Es ist nicht zu leugnen, daß Strauss das fremdstämmige Skat-Spiel bevorzugte. Zu untersuchen, welche Umwege die bajuwarische Seele des Komponisten hier ging, ist an dieser Stelle nicht Platz genug.

kommt der Maibock, gefolgt von den sommerlichen Urlaubsmonaten, in denen man sich schon auf das Oktoberfest freut, dem Kirchweih und Allerheiligen folgen, und dann sind es knappe vier Wochen bis zum Advent; der Festring schließt sich, in den noch zahllose solitäre Festlichkeiten wie Josefi, König Ludwigs Geburtstag, Sieg, Unentschieden oder Niederlage des FC Bayern München eingesprengt sind. Und wenn auch das noch nicht genug ist, finden in der näheren Umgebung der Stadt pausenlose Leonhardi-Ritte, See-, Schloß- und Waldfeste, Fahnenweihen und Almabtriebe statt. Ritterspiele, Opernfestspiele, unzählige andere Festsommer, Kammermusikfeste, Passions- und Volksfeste schließen sich an. Berühmt sind die Kiefersfeldener Ritterspiele, allerdings leider – seit der Erbauung eines Festspielhauses und seit die dörflichen Darsteller wissen, daß sie unfreiwillig komisch sind – zu Rohstoff der touristischen Industrie pervertiert. Die Passionsspiele in Oberammergau haben früher nur alle zehn Jahre stattgefunden, was die Gastwirte dort noch nie befriedigt hat. Nun stellte man alle möglichen artistischen Überlegungen an und so fanden schon 1984 – statt erst 1990 – Passionsspiele statt, aus jubiläischen Gründen. Die Zeit ist nicht fern, wo die Oberammergauer alle Jahre spielen werden. Das zentrale Ur-Ereignis der bayrischen Festlichkeit aber ist die Kirchweih.

Mit dem Begriff Kirchweih verbindet der Bayer zunächst blitzschnell: Gans (gebraten), Bier, d.h. genau genommen: viel Bier, Wirtshaus, Rausch, Raufen. Nach längerem Nachdenken auf die weitere Frage, was ihm denn bei dem Wort Kirchweih noch alles einfalle, wird er dann sagen: »Gans, gebraten.« »Das haben Sie schon gesagt.« »A so. Raufen hab i aa scho g'sagt ... hm, hm.« »Fällt Ihnen sonst nichts ein?« Da heitert sich seine Miene auf: »Zachäus!« sagt er. Das

wollten wir wissen. Der Zachäus ist die Kirchweihfahne (weißes Kreuz auf rotem Grund), die am Kirchweihsonntag auf dem Kirchturm ausgesteckt wird. Kirchweih ist nämlich, so komisch das klingt, ursprünglich ein kirchliches Fest gewesen. Es war der Jahrestag der Weihe der Kirche. Das heißt, wenn, sagen wir: am 29. Juli 1491 das Gotteshaus St. Achaz zu Scheiblgrieß geweiht wurde, feierten die frommen Scheiblgrießer hinfort an jedem 29. Juli den Jahrestag ihrer Kirchenweihe. Dazu kamen auch alle Bewohner der umliegenden Ortschaften nach Scheiblgrieß, Kirchweihgänse wurden gebraten, es wurde getrunken, alte Feindschaften wurden aufgefrischt, und dann wurde gerauft. Da natürlich nicht alle Kirchen am 29. Juli geweiht wurden, manche am 3. März, manche am 26. November usw., gab es in Bayern viele Kirchweihtage, die alle gefeiert wurden. Bayern wäre ärmlich, wenn es nur 365 Kirchen gäbe. Es gibt Tausende von Kirchen. Allein im Kreis Miesbach, sagen wir: im Umkreis von dreißig Kilometern um den Tegernsee gibt es 700 Kirchen, Kapellen, Klöster usw. Wer also in Gmund wohnte, hatte im Bereich einer – nach alten Maßstäben gemessen – Tagreise täglich mindestens zwei Kirchweihfeste zur Auswahl. Die Kirchweihfeste zogen jahrhundertelang die Bevölkerung ebbe-flut-artig an die Brennpunkte von Gans-Bier-Raufen, und zwar nicht nur dreißig Kilometer weit. Es wird heute noch von einer berühmten Wallfahrt der Einwohner von Tölz 1714 zur Schwarzen Madonna nach Regensburg erzählt. Die Wallfahrt, die acht Tage dauern sollte, führte durch acht Kirchweihen. Ein mitwallfahrender Chronist hielt fest, daß die 83 Wallfahrer (47 Männer und 36 Weiber) 722 Gänse, 18 Klafter Bratwürste und 44 Fuder gedünstetes Kraut gegessen, 3721 Maß Bier getrunken und 621 fremde Kirchweihgäste verprügelt hatten. Die Chronik dieser Wallfahrt – mit liebevollen Zeichnungen geschmückt – wird zusammen mit drei zerbrochenen Wagscheitern im Tölzer Heimatmuseum aufbewahrt. Wagscheiter sind die kurzen, aus dem härtesten Holz gefertigten, mit Eisenbändern verstärkten Querhölzer, an deren Enden die Zugriemen der Pferde und Ochsen befestigt werden. Die drei Tölzer Wagscheiter zerbrachen bei der denkwürdigen Wallfahrt an Tölzer Schädeln. Da alle Wallfahrer, auch die von den Wagscheitern getroffenen, gesund, zumindest lebend zurückkehrten, ergeben sich zwanglose Rückschlüsse auf die Qualität bayrischer Schädeldecken. Etwas verschämt vermerkte der Chronist auch, daß 35 der 36 Weiber schwanger nach Tölz zurückkamen, »aber«, schreibt er weiter, »auch mannliche Jungfer auff den Weg gen Regensspurc wird nach neuen Monden auff die wackheren Tölzer Wallfarer Zeugnuß haben«. Daß der Chronist hier keine genaue Zahl angibt, ist ein schöner Beweis für bayrische Delikatesse.*

Um dem Ausufern der Kirchweihfeierlichkeiten ein für alle Mal ein Ende zu bereiten, wurde im 19. Jahrhundert ein allgemeiner Kirchweihtag eingeführt – meist der 3. Sonntag im Oktober –, alle anderen Kirchweihtage abgeschafft. Seitdem entlädt sich die bajuwarische Kirchweihenorgie zwar geballt, aber wenigstens nur an dem einen Tag.

Nicht mit dem Kirchweihfest im Oktober hängt das ohnedies im September stattfindende »Oktoberfest«, von Münchnern schlicht »die Wies'n« genannt, zusammen. Um den Ursprung zu erklären, müssen wir wieder einmal historisch werden.

Mitten in den napoleonischen Verwirrungen starb der zwar hochmusikalische, aber stockkatholische und grämliche Kurfürst Karl Theodor. Da er keine legitimen Kinder hatte, folgte ihm ein entfernter Vetter, der bis dahin in dem kleinen Fürstentum Pfalz-Zweibrükken regiert hatte: Max Joseph. Dieser Max Joseph entstammte einer Zweiglinie des Hauses Wittelsbach, die einen starken Hieb ins Protestantische hatte.

Max Joseph, der als Kurfürst Maximilian IV., später als erster bayrischer König (von Napoleons Gnaden) Max I. Joseph hieß, und den, wie schon erwähnt, die Tiroler mit Recht »den Wortbrüchigen« nennen, brachte einen Beamten mit, einen ehemaligen bayrischen Hofrat, den der alte Kurfürst Karl Theodor gefeuert hatte, als ihm zu Ohren gekommen war, daß er dem freimaurer-ähnlichen Illuminaten-Orden angehörte: Maximilian von Montgelas. Montgelas wurde nicht nur in seine alten Würden wiedereingesetzt, er wurde sogleich Minister und später gegraft und begann mit einer nie gesehenen Vehemenz, in dem vor Klerikalismus stickigen Staatsgebäude aufzuräumen. Zwar schüttete er gelegentlich auch das Kind mit dem Bade aus, aber er brachte doch einen liberalen Dämmer nach Bayern, dem allerdings keine liberale Sonne aufging, da die klerikale Partei, nach Napoleons Sturz wieder stärker geworden, 1817 Montgelas entmachtete. Dem Grafen Montgelas ist die Überführung der bayrischen Universität nach München zu danken, die Neu-Organisation der Akademie der Wissenschaften und vieles andere, hauptsächlich aber ist aus der Zeit Max' I. Joseph und Montgelas' eine Sache auf uns gekommen, die kurz vor Montgelas' Sturz eingerichtet worden war, und die heute noch blüht, deren ferneres Wachstum nicht abzusehen ist: eben das Oktoberfest zu München.

Das Oktoberfest ist also quasi eine liberale Einrichtung: eine weltliche Kirchweih. Es ist im Grunde genommen bis heute eine urbanisierte, allerdings auch kommerzialisierte Kirchweih mit starkem Trend zur Gigantomanie geblieben. Das Oktoberfest lenkte den angestammten bayrischen Kirchweihtrubel in etwas zivilere Bahnen, auch den sportlichen Anteil natürlich.

Der bayrische Kirchweih-Sport war das Raufen. Raufen war und ist ein integrierter, spezifischer, nicht wegzudenkender Bestandteil des Kirchweihfestes. Regeln hat dieser Sport nicht. Es wird einfach zugeschlagen, sei es mit der bloßen Faust, sei es mit dem, was zufällig in der Faust sich befindet, was meist der Maßkrug ist. Zugeschlagen wird von oben nach unten. Diese kraftvolle Abwärtsbewegung der maßkrugbewehrten Hand und das nachfolgende Krachen des Kruges sowie der gegnerischen Schädeldecke beschert dem Bayern einen unersetzlichen Lustgewinn, für den er in Kauf nimmt, daß ihm seinerseits ein Maßkrug auf dem Schädel zerschellt. Diesen Trieb der kraftvollen Abwärtsbewegung sublimierte das Oktoberfest in der genialen Erfindung des Haut-den-Lukas. Das ist ein Apparat, der entfernt an eine umgekehrte Guillotine erinnert. Man haut mit einem schweren Schlag auf einen Pflock, der dann durch Hebelwirkung ein Gewicht an einem Pfahl hinaufschleudert. An dem Gewicht ist eine Patrone angebracht. Schnellt das Gewicht bis zum Anschlag hinauf, dann kracht es. Es ist also alles da: die kraftvolle Abwärtsbewegung und das nachfolgende Krachen.

Das typische akustische Bild des Oktoberfestes ist somit: die hundertfach gemischte Kakophonie der – heute meist elektronischen – Drehorgeln, das markige »Oans-Zwoa-Gsuffa« aus den Bierzelten und dazwi-

schen das dumpfe, sportliche Knallen des Lukas-Hauens. Was natürlich nicht besagt, daß nicht doch auch auf dem Oktoberfest gerauft würde. Aber immerhin ist es der Polizei möglich, die Raufenden, die sich auf das urbayrische Brauchtum des Rauf-Sports berufen, an den Haut-den-Lukas zu verweisen, diese weitsichtige, liberale Erfindung des Grafen Montgelas.

4. Der sportliche Baumstamm

Wir kommen hier zur letzten Gruppe der anstrengenden, d.h. im Freien statthabenden Sportarten, zu denen wir im vorhergehenden Kapitel auch das Kirchweih-Raufen und dessen sublimierte Form, das Lukas-Hauen, gezählt haben, obwohl man, um genau zu sein, anmerken muß, daß zwar nicht das Lukas-Hauen, wohl aber die Kirchweih-Rauferei auch in geschlossenen Räumen stattfinden kann. Übrigens ist die Kirchweih-Rauferei nicht an den, wie man sich erinnert, ohnehin willkürlich eingeführten sogenannten *Allerwelts-Kirchtag* gebunden. Findet die Rauferei im Saale statt, spricht man von Wirtshaus-Rauferei. Auch eine Wirtshaus-Rauferei kann sehr lustig sein: erstens, weil das Mobiliar der Wirtschaft in Trümmer geht;

zweitens, weil viel leichter als im Freien Unbeteiligte oder Raufunwillige (etwa Sommergäste) mit in das sportliche Geschehen einbezogen werden können. Dennoch habe ich das Raufen zu den Freiluftdisziplinen gezählt, weil der Wirt stets versuchen wird, die Raufenden aus seinem Haus hinauszudrängen. Meist gelingt ihm das staunenswert leicht, sobald im Haus alles kurz und klein geschlagen ist. Auch verlagert sich das Raufgeschehen fast immer nach einiger Zeit ins Freie, weil geübtere Raufer ihre Gegner durchs Fenster zu schleudern pflegen. Ein schmächtiger Wirt oder ein solcher, der nicht über genügend Hilfskräfte verfügt, wird listig die Tür verrammeln, so daß die hinausgeschleuderten Athleten nicht mehr herein können. Zwar mag sein, daß die ersten zwei, drei an die Wirtshaustür dreschen und die Rückkehr zur Sportstätte fordern. Sind aber einmal mehrere draußen, wird sich die Rauferei zwanglos auf der Straße fortsetzen. Drinnen findet derweil ein selektiver Prozeß statt, der letzte, den keiner aus dem Fenster zu werfen vermochte, wird dann freiwillig hinauseilen, nachdem er unter Tischen und Bänken (sofern diese nicht bereits Kleinholz sind) nachgesehen hat, ob sich nicht vielleicht ein Feigling dort versteckt hält. Der Wirt braucht nur die Tür zu öffnen, den Champion an sich

vorbeischnellen zu lassen, kann wieder zusperren und in Ruhe die Versicherung anrufen.

Eine entschieden freilüftige Disziplin ist dagegen der sportliche Baum. Im Bayernland hat man ein ausgesprochen körperertüchtigendes, leistungsdrängendes Verhältnis zum Baum. Das äußert sich in gewissem Sinn in der bereits beschriebenen Weise beim Maibaum, macht aber auch vor keiner anderen Erscheinungsform des Baumes Halt. Das beginnt in früher Jugend mit einer bestimmten sportlichen Form des Baumnetzens. Die Dorfjugend begibt sich zu dem Behufe in meist übermütiger Stimmung in den Wald. Jeder der beteiligten Athleten sucht sich einen Baum aus und benetzt ihn. Wer am höchsten netzt, hat gewonnen. So mancher, der später mit Leistungssport zu Ruhm und Ehren kam, hat seine ersten Erfolge in so einer dörflichen Baumnetz verzeichnet. Der weiblichen Jugend ist diese Form olympischen Wettstreits aus biologischen Gründen verschlossen. Lediglich die anfeuernden Rufe der Mädchen haben einen gewissen sekundären Sport-Wert.

Wächst die Dorfjugend heran, läßt sie noch lange nicht vom Baume. Als Sportgerät dient dann allerdings zumeist der gefällte Baum. Auf die Uranfänge des Eisstockschießens, die auch in diese Kategorie gehören, habe ich oben schon hingewiesen. Es gibt aber dann noch das Wettsägen, das sportliche Baumstammschleppen, das wettkampfmäßige Baumstammheben und -werfen. Das ist ein schöner Sport, mit viel Geschrei verbunden, außerordentlich schweißtreibend. Er bringt häufig Leistenbrüche mit sich und fördert den im alpenländischen Raum so beliebten Blähhals.

Später dann, im Herbst des Lebens, braucht der dörfliche Athlet, der sein sportliches Leben dem Baume gewidmet hat, auch nicht auf sein geliebtes Sportgerät zu verzichten. Zwar ist das, was im Volksmund scherzhaft ›Sonnwendfeier‹ genannt wird, kein Wettkampf mehr, befriedigt aber nicht minder. Die »Sonnwendfeier« wird meist im Verborgenen begangen und erinnert wieder an das Wettnetzen der frühen Jugend. Nach gemütvollem Wirtshausbesuch stellen sich die Zechkameraden im Kreise um einen Baum, fassen sich an den Händen und netzen im Ringelreihen. Ein fröhliches Lied wird abgesungen, und meist folgt der einstimmige Beschluß, doch nicht heimzugehen, sondern ins Wirtshaus zurückzukehren. Auch Damen ist dieses Ringelnetzen nicht verwehrt, allerdings wird es

dann eher hockend ausgeführt, das Gesicht vom Baum abgewandt. Gelegentlich wurde auch schon von gemischten Gruppen gemunkelt; das aber dürfte bereits in den Bereich der Schweinerei gehören, die bekanntlich mit Sport nichts zu tun hat.

B Gemischte Gruppen, das heißt Sportarten, die wo einerseits noch in die frische Luft gehören, andererseits schon in Gruppe C hinüberschillern

*5. Das Fensterln
und das Wolpertinger-Fangen*

Während das Haberfeldtreiben zum Leidwesen der Volkstumsbewahrer bereits seit einem halben Jahrhundert so gut wie ausgestorben ist (Georg Queri stellt in seinem Buch ›Bauernerotik und Bauernfeme‹ fest, daß die letzten, schon recht degenerierten Habereraktionen ums Jahr 1905 in den Tiefen des Brauchtums versickerten), ist ein anderer Sport in Bayern auch heute noch lebendig: das Fensterln. Das Haberfeldtreiben war ein primitives und handgreifliches Spottritual, das im 18. Jahrhundert aufkam. Hatte sich etwa – solche Vorfälle sind aktenkundig – eine Magd durch unsittlichen Lebenswandel mißliebig gemacht, zum Beispiel dadurch, daß sie ein uneheliches Kind bekommen hatte, rottete sich nächtlicherweise vor dem Haus des Bauern, in dem die Magd diente, die Crème der männlichen Einwohner zusammen, sang Spottverse, brannte Feuer ab (gelegentlich auch den Hof), schoß mit Platz- oder scharfen Patronen und vollführte überhaupt einen so höllischen Lärm, daß der Bauer, der natürlich die Wiederholung des Spektakels befürchtete, die Magd am anderen Tag hinauswarf. Beim nächsten Dienstherrn ging es ebenso, auch beim übernächsten, bis gar keiner mehr die Magd nahm. Sie mußte mit ihrem Kind aus dem Land fort. Selbstverständlich ließ es sich der Erzeuger des unehelichen Kindes nicht nehmen, stets mit von der Habererpartie zu sein.

So war es mit dem Haberfeldtreiben, das inzwischen ausgestorben ist, weshalb die unehelichen Kinder im Land bleiben. Was das für die Sittlichkeit bedeutet, braucht nicht weiter dargestellt zu werden! Nicht nur die Brauchtumsvereine bedauern das Aussterben, auch die Kirche trauert, daß damit wieder ein Stück Sitte hinabgekugelt ist in den Sumpf, eine Sitte, die so manche Dirn von unkeuschem Lebenswandel abgehalten hat, zum Beispiel vom Fensterln, denn die unehelichen Kinder sind oft Früchte dieses schillernden alpenländischen Sportes.

Das heißt: die Dirn fensterlt natürlich nicht, fensterln tut der »Bua«, die Dirn macht – meist – nur das Fenster auf, wenn der Galan auf der Leiter hinaufgestiegen ist und geklopft hat, wie es der klassische Kanon des Fensterlns vorschreibt. Wie alles Klassische ist aber auch das klassische Fensterln rar geworden. Der Besucher unseres schönen Bayernlandes wird vergeblich darauf warten, daß die Dorfburschen am Samstagabend mit kaminfegermäßig geschulterten Leitern (womöglich jodelnd) hinaus zu ihrer Liebsten ziehen. Erstens ist auf jedem ordentlich geführten bäuerlichen Anwesen eine Leiter vorhanden, die der Bua zweckentfremden kann, zweitens hat sich die bequemere Abart des Fensterlns längst eingebürgert, daß sich nämlich der Bursch lediglich durch ein Steinchen am Fensterl seines Schatzes bemerkbar macht, worauf dieser ihm den Hausschlüssel herunterwirft. Jodeln

wird der Bursch beim Fensterln in allen Phasen vermeiden, wie man sich denken kann. Das Fensterln als sozusagen direkter erotischer Angriff kommt der bayerischen, umwegscheuen Mentalität entgegen. Wenn eine Dirn dem Burschen das Fensterl aufmacht oder den Schlüssel herunterwirft, so weiß der Bursch, was es geschlagen hat, und das Dirndl weiß, daß der Bursch es weiß, es bedarf keiner umständlichen Geschlechtshöflichkeit mehr, es ist – schon aus Zeitmangel, denn der Bauer darf die beiden nicht erwischen – die totale Sexualrationalisierung. Vielleicht wird gerade deshalb das Fensterln von den Alpenvölkern mit einem völlig unangebrachten Schleier von Romantik umgeben. Dieser Schleier der Romantik dient bewußt oder unbewußt zu nichts anderem, als den zugereisten Preußen Sand in die Augen zu streuen.

Das Fensterln im Sinne des Volksliedes gibt es im Grunde genommen so wenig wie das Wolpertinger-Fangen, das ebenfalls ein weitverbreiteter, wenngleich irrealer bayrischer Volkssport ist. Über Aussehen und naturkundliche Einordnung des Tieres, das man Wolpertinger nennt, ist man sich schon deshalb im unklaren, weil noch nie jemand das überaus scheue Tier gesehen hat. Die äußerste Annäherung an den Wolpertinger (der je nach Landstrich auch »Kreiß«, »Greiß«, »Tschungg«, »Tappen« oder »Elbetritscher« heißt), die man erreichen kann, ist, daß man einen Mann kennenlernt, der mit jemandem gut befreundet ist, der einen kennt, der einen Wolpertinger gesehen haben soll. Man kann wohl auch selber jemanden kennenlernen, der einen Wolpertinger gesehen hat, aber der sagt es nicht. Und so kann man wohl einem solchen, dem sich die alpenländische Version des Bildes von Saïs enthüllt hat, gegenübersitzen, und man erfährt doch nichts.

Der Wolpertinger ist ein entfernter Verwandter des Tatzelwurmes. Während der Tatzelwurm aber mehr den Reptilien zugeordnet scheint, soll der behaarte Wolpertinger zu den Marder-Familien hinüberspielen. Das Wolpertinger-Fangen ist ein (nicht an einen festen

Termin gebundenes) In-den-April-schicken mit genau geregeltem Zeremoniell. Der kühne Wolpertinger-Jäger wird mit Sack, Brett und Licht in die finstere Nacht hinausgeschickt und muß vor allem warten. Noch nie ist einer mit einem gefangenen Wolpertinger zurückgekommen, aber noch jeder mußte dafür einige Runden Bier zahlen. Das Nähere kann man in einem Buch von Peter Kirein ›Der Wolpertinger lebt‹ nachlesen. Das Buch ist mit wissenschaftlichem Anspruch geschrieben und bezweckt ausschließlich, noch weitere Verwirrung unter den Preußen auszulösen. Denn wer weiß, vielleicht gibt es den Wolpertinger doch. Es gibt ja auch das Fensterln.

Interessant ist die Haltung der katholischen Kirche zum Fensterln. Bekanntlich ist Bayern – was auch dem oberflächlichsten Besucher nach kurzer Zeit auffallen dürfte – katholisch. Es ist, um genau zu sein, römisch-katholisch und ziemlich katholisch, dafür ist es so gut wie heidnisch. Das hat Gründe, die tief in den Urgründen der bajuwarischen Geschichte zu suchen sind. Die Bajuwaren sind als wildes Kriegsvolk aus dem Osten (man sagt, aus dem Gebiet des heutigen Böhmen) in das schon ziemlich zivilisierte (weil römisch kolonisierte) Land zwischen Donau und Alpen eingefallen und haben hier ziemlich wild gehaust. Die Katakomben in Salzburg waren die Zufluchtsstätten der Christen vor den Bayernhorden, und die ersten Märtyrer auf bayrischem Boden verdanken ihre Märtyrerkrone den Bayern selbst. Nur die von den Römern aus Babylon hierhervebrachte Kunst des Bierbrauens wurde von den Bayern übernommen.

Dem, wenn die Geschichtsquellen nicht trügen, recht trockenen und bürokratischen Karl dem Großen waren die munteren Bayern ein Dorn im Auge. Deshalb heuerte er eine größere Gesellschaft irischer Mönche unter strenger Führung an, die ohne viel Federlesens aus den Bayern Christen machten. Emmeran, Rupert, Korbinian, Willibald und Bonifatius hießen die Top-Manager dieser weltanschaulichen Umpolung der Bayern. Aber wer weiß, ob sie allein durch die Christianisierung gute Untertanen der Karolinger geblieben wären, wenn nicht die irischen Mönche – offensichtlich nach genauem Studium des bayrischen Volkscharakters – jene Institution erfunden und eingeführt hätten, die wie keine andere das bayrische Volk bei der staatstreuen Stange und fern von allen aufmüpfigen Ideen hält: das Wirtshaus. Neben jeder Kirche bauten die Missionare ein Wirtshaus, jedes Kloster betrieb eine Brauerei. Es ist heute noch so. Durch das Wirtshaus wird auch heute noch der Bayer in die Nähe der Kirche gelockt. Bei ungenauem Hinschauen kann er deshalb für katholisch gehalten werden.

Nun sind aber doch gewisse Bräuche der katholischen Kirche in den nahrhaften Boden des bajuwarischen Volksaberglaubens eingesickert und haben die schöne Blüte getrieben, die »Bayrische Frömmigkeit« heißt. Anderseits muß die katholische Kirche manchem der heidnischen Bräuche der Bayern Vorschub leisten, um sich nicht ihre Gunst zu verscherzen. So widersinnig es klingt: jedes Stück heidnischen Brauchtums, das verlorengeht, macht die Bayern weniger katholisch. Es braucht sich dabei gar nicht um alt-heidnisches Brauchtum zu handeln, es kann durchaus auch neu-heidnisch sein wie das erwähnte Haberfeldtreiben. Die Kirche sorgt also in Bayern dafür, daß das erhalten bleibt, was sie objektiv Sünde nennt, und sei es das Fensterln.

6. *Das Jodeln*
Ein unsportlich-alpenländischer Exkurs

Das ferienbeliebte bayrische Alpenland ist in zwei Teile gegliedert: in die Winter- und in die Sommersaison. Solange es den von Beckett in ›Warten auf Godot‹ geforderten Herbstsport und auch den Lenzsport (im weiteren Sinn) noch nicht gibt, verbleiben dem Land zwischen Watzmann und Zugspitze zwei schmale, fremdenverkehrslose Zeitstriche, eine Art Freizeit. Und zu solchen Zeiten, wenn alles ruhig geworden ist im Jahr, wenn aus dem Bergführer, bevor er Skilehrer wird, sich ein Mensch entpuppt, wenn ein sanftes, mildes Leuchten die Birken im Hochmoor oder die »Brennende Lieb« auf den Balkonen der Höfe streift, wenn das Vieh abgetrieben ist und die weiten Almen verlassen und menschenleer liegen, zu solchen Zeiten kann es sich begeben, daß hoch oben über dem letzten Wald das legendäre Alm-Mandl aus seiner einschichtigen Felshütte tritt und ins Tal hinunterschaut. Und was tut es dann?

Es jodelt.

Das Jodeln – als Wort erst im frühen 19. Jahrhundert in die Schriftsprache eingegangen – ist eine bis heute unbestreitbar alpenländische Eigenart. Im Englischen heißt es »to yodel«, im Französischen »jodler«, im Italienischen »gorgheggiare«, woraus sich ergibt, daß das Jodeln ein Exportartikel geworden ist, welcher Umstand allerdings nur zur Verbreitung, nicht aber zu höherem Verständnis des Jodelns geführt hat.

Die norddeutsche Schreibweise »godeln«, in der irrigen Meinung, nur sie würde die Aussprache »jodeln« gewährleisten – analog Justav... schreib: Gustav –, läßt man den Fremden lächelnd durchgehen. Etymologisch ist diese norddeutsche Schreibweise nicht gerechtfertigt, denn »jodeln« ist nach Kluge ein Zeitwort der alten Mundart, Ableitung zu dem Jodelruf »jo« und »juch« – welche ältere Interjektion heute noch in »juchhe« steckt und seit 1691 belegt ist –, mittelhochdeutsch »jûch« und »jû«, finden sich als Wurzel in dem Wort »jauchzen« oder »juchzen« und hieß mittelhochdeutsch »jûchezen« (wie der Tiroler auch heute noch beiläufig sagt). Querverbindungen finden sich zum Wort »johlen«, zum griechischen Ausruf »io!«, zum lateinischen »jubilare«. »Jödeli« oder »Rogguse« sagt der Schweizer, »Jugitzer« sagt man in Oberösterreich, »Ludler« im Salzkammergut und »Hullatzer« in der Steiermark.

Goethe hat sich auch über das Jodeln geäußert. 1828 schreibt er an Zelter: »Es sind wieder Tyroler hier; ich will mir doch jene Lieder vorsingen lassen, obwohl ich das beliebte Jodeln nur im Freyen oder in großen Räumen erträglich finde.« Der Export des Jodlers begann aber schon früher. Bereits 1751 soll ein Appenzeller Kuhhirt mit seinem Jodeln in der Pariser Oper das »Trillern der Castraten« übertrumpft haben. Der ›Helvetische Kalender‹ von 1780 schreibt solches, wobei es sich aber allein schon deshalb um einen nicht ganz zuverlässigen Bericht handeln kann, weil es in der Pariser Oper nie Castraten gegeben hat.

Ignaz Moscheles, der große Pianist, Zeitgenosse und Freund Mendelssohns, hat Jodler gesammelt. Giaco-

mo Meyerbeer hat Jodler in der Kunstmusik verwendet. Der große, wenngleich vergessene, dänische Komponist Ernst Haberbier (1813–1869) hat während eines Sommeraufenthaltes im Berchtesgadner Land einen ganzen Konvolut von Jodlern zusammengetragen, die er dann in seiner Symphonie in Es-Dur, die sogar ›Jodlarne-Sinfonie‹ heißt, verwendet hat. Hector Berlioz hat sich für das Jodeln interessiert. Richard Wagner hat das »Hojotohoh« seiner Rheintöchter im Glarner Land gehört, und bei Gustav Mahler vergeht keine Symphonie, in der nicht Ländler und Jodler vorkämen, in der Sechsten dazu noch ferne Kuhglocken und Muhen, was dieser Komposition seitens antisemitischer Kreise die Definition »Schabbes auf der Alm« eingetragen hat. Otto Jägermeier, der große Experimentator der neudeutschen Schule um Richard

Strauss, hat ein Quartett für vier Jodel-Chöre geschrieben, und der zeitgenössische russische Komponist Rodion Schtschedrin charakterisiert in seiner Oper ›Lokomotivskaja‹ (die in einem fahrenden Zug der Transsibirischen Eisenbahn spielt) einen mitreisenden Deutschen durch eine Jodel-Arie.*

Man sieht, seit etwa zweihundert Jahren ist die Gesangsart »Jodeln« auf musikalisches Interesse und damit Mißverständnis gestoßen, denn auch für den Alpenländer, den man beim Jodeln beobachtet, gilt die Heisenbergsche Unschärferelation, wonach die beobachteten Objekte durch die Tatsache der Beobachtung ihr Verhalten ändern, so daß im Grunde eine exakte Beobachtung bis ins kleinste gar nicht möglich ist. Die Heisenbergsche Unschärferelation, auf das Jodeln angewendet, ergab folgende landläufige Definition des Jodelns.

Reporter: Verzeihen Sie, Herr Borstke, können Sie uns sagen, was Jodeln ist?
Herr Borstke: Jodeln, na ja, Jodeln ist, wenn man in den Alpen in der Lederhose singt, nich, und so trillert, wie Jemsen oder Steinadler.
Reporter: Herr Borstke, wir danken Ihnen für das Gespräch.

Borstke hat nahezu in allen Punkten unrecht, nur in dem einen nicht, der auch schon bei Goethe anklingt: Jodeln ist eine Freiluftbeschäftigung. Nur der Umstand, daß es dazu beiträgt, den Preußen das Geld aus der Tasche zu ziehen, entschuldigt den Unfug, wenn bei Reit-im-Winkler Heimatabenden als Holzhacker

---

* Im Lauf der Handlung stellt sich allerdings heraus, daß diese Figur, Aktivist und 493%iger Plansollerfüller einer Knopffabrik, aus Pirna in der DDR stammt, wodurch die Schtschedrinsche Charakterisierung etwas Gewolltes, Künstliches erhält.

verkleidete Autoschlosser in Gasthäusern und auf den Bauernbühnen jodeln.

Was ist das Jodeln nun wirklich? Walter Wiora, der in seinen Artikeln ›Alpenmusik‹ und ›Jodeln‹ in den Bänden I und VII der MGG, in einem Kapitel seines Buches ›Zur Frühgeschichte der Musik in den Alpenländern‹ und in seinem Aufsatz ›Jubilare sine Verbis‹ versucht hat, dem Phänomen Jodeln nachzugehen, konnte bei Berücksichtigung aller Erscheinungsformen des Jodelns nur den folgenden, verhältnismäßig schmalen gemeinsamen Nenner für das Jodeln definieren: »... Jodeln (bedeutet) textloses Singen mit fortwährendem Registerwechsel.« Das heißt: Beim Jodeln wird auf Silben gesungen, die keinen semantischen Sinn ergeben »ha-du-li, ri-di-a...« und so fort, wobei häufig darauf geachtet wird, daß helle und dunkle Vokale abwechseln. Es handelt sich also um eine Art Vocalise wie sie Gesangsschüler üben, um ihre Stimme auszubilden. Besser noch: es handelt sich nicht um Singen – da Singen eine Textmitteilung, also einen literarischen Gehalt voraussetzt –, sondern um eine Instrumentalisierung der menschlichen Stimme. Das zweite Wiorasche Kriterium des Jodelns ist der »fortwährende Registerwechsel«. Das heißt, es wird unter Umständen von Ton zu Ton abwechselnd mit Brust- und Kopfstimme gesungen. Was also in der Kunstmusik nach Möglichkeit vermieden wird, ist beim Jodeln ein charakteristisches Musiziermittel.

Diese eigenartige Falsett-Technik wurde früher offenbar durch äußere Mittel forciert. In einem anonymen Reisebericht von 1810 heißt es: »Bei dem Ludeln stecken gewöhnlich zwey bis drey Dirnen die Köpfe zusammen, umschlingen sich mit dem Arm, halten mit der Hand des anderen Arms die Kehle und pressen mit einer Gewalt, die ihnen die Adern im Kopf auftreibt, ihre unarticulierten Gesänge aus der Gurgel hervor.«

Aus diesem kleinen Bericht ist die eigenartige Haltung des Umschlingens und Köpfezusammensteckens interessant, das mit dem Jodeln als akustisches Phänomen nichts zu tun hat. Wir kennen diese eigenartige Haltung auch aus anderen Berichten. Sie deutet auf kultische Momente hin, auf die ich noch zu sprechen komme.

Jodlern begegnen wir in zweierlei Weise: einmal als – meist schneller bewegter, stretta-artiger – textloser Anhang an eine Liedstrophe, wobei der Jodler den Refrain vertritt. Das berühmteste Beispiel dafür ist der ›Erzherzog-Johann-Jodler‹, der allerdings keine echte Volksmusik, sondern ein wenngleich außerordentlich volkstümlich gewordenes Kunstprodukt ist.*

---

* Der Komponist des Erzherzog-Johann-Jodlers war ein Gewerbeoberlehrer aus Judenburg namens Matthias Rattschüller (1797–1869), der in Wien bei Simon Sechter, dem Lehrer Bruckners, studiert hatte. Seine schlechten wirtschaftlichen Verhältnisse und die Tatsache, daß er 23 Kinder aus zwei Ehen hatte, gestatteten ihm nicht, sich ganz der Musik zu widmen. Auch fand ein Band mit charakteristischen Klavierstücken ›Wanderungen durch das Gesäuse‹ op. 1 nur wenig Echo, ebenso sein Streichquartett in d-Moll op. 2. Erst sein Erzherzog-Johann-Jodler (op. 3) brachte dem Komponisten den Erfolg, der ihm gebührte, allerdings machte sich das Werk in einem Maß selbständig, verbreitete sich wie ein Lauffeuer in allen möglichen Bearbeitungen über die ganze Welt, daß man vor lauter Begeisterung über den Jodler den Komponisten vergaß, der sich von da an fast nur im Abfassen von Protestbriefen und Manifesten, in denen er seine Autorschaft darlegte, erschöpfte. Es half nichts. Rattschüller blieb vergessen. Es nützte ihm auch nichts, daß er in seinen letzten Lebensjahren nahezu das ganze Kaiser- und Erzhaus und verwandte Fürstenhäuser bejodelte. Er komponierte einen ›Kaiser-Franz-Joseph-‹, einen ›Erzherzog-Karl-Ludwig-‹, einen ›Erzherzog-Ludwig-Viktor-‹, einen ›Erzherzogin-Maria-gebürtige-Prinzessin-Beider-Sizilien-Jodler‹, einen ›Erzherzog-Karl-Salvator-Jodler‹ und einen ›In-Memoriam-Erzherzog-Karl-Ambrosius-von-Österreich-Este-›, Erzbischof-von-Gran- und -Primus-von-Ungarn Trauer-Jodler‹, dessen Melodie Antonin Dvořák im 16. seiner ›Slawischen Tänze‹ verwendet, und die dessen offenbar unredlicher Schüler, der Armenier Kevork Nalbandian wiederum stahl, als er 1926 die äthiopische Nationalhymne ›Kebra Negest‹ (›Ruhm der Könige‹) verfaßte. Rattschüller starb vor Zorn über einen Artikel in den ›Signalen für die musikalische Welt‹, in dem der ohnedies verbitterte Komponist lesen mußte, daß sein Erzherzog-Johann-Jodler Johannes Brahms zugeschrieben wurde.

Daneben gibt es aber auch noch den selteneren reinen, sozusagen abstrakten Jodler ohne jeden Text, der für sich ein abgeschlossenes Musikstück bildet. Am bekanntesten ist von diesen Jodlern der ›Andachts-Jodler‹, der nicht ungern von alpenländischen Kirchenchören für die musikalische Untermalung der Christmette mißbraucht wird. Der ›Andachts-Jodler‹ ist auch ein Beispiel dafür, daß der Jodler nicht an einen einzigen Stimmungsgehalt gebunden ist: an die ausgelassene, überschwengliche, jubelnde Stimmung. Die gibt es im Jodler häufig, oder besser: diese Art der Jodler ist weniger verschüttet. Der Jodler ist vor allem auch ein Mittel des erotischen Ausdrucks. Die wortlosen, aber prallen Silben des virtuosen Jodlers drängen sich geradezu auf, in ihnen zu sagen, was schicklicherweise mit Wörtern nicht gesagt werden darf.

Welche grausigen Arten des Jodelns es gegeben hat, bezeugen die Nonsberger Märtyrerberichte aus dem Jahr 397. Drei Missionare aus Kappadokien hatten im Nonsberg eine Kirche gebaut, auch bereits einige der damals noch heidnischen Nonsberger bekehrt. In dem genannten Jahr 397 wurden sie jedoch von den Heiden überfallen und zu einem Erntefest den alten Göttern als Opfer dargebracht. Diese ritualen Morde, bestialisch grausam, vollzogen sich unter »ululato carmine diaboli« – unter Absingen teuflischen Gejohles – und »horridi jubili pastorales«, schrecklichem Hirten-Jodeln. Das Jodeln gehörte zum heidnischen Opferritus. Die Märtyrer – bei allem Respekt vor ihrem opfervollen Tod ist es zu sagen – wurden buchstäblich zu Tode gejodelt.

Die Nonsberger Märtyrerberichte bezeichnen, wie eben gesagt, das Jodeln als Angelegenheit der Hirten. Tatsächlich scheint das Jodeln eine Musizierform der Hirten und nicht der ackerbauenden Völker oder der Jäger gewesen zu sein. Wiora belegt dies durch zahlreiche, sehr interessante Vergleiche mit der Volksmusik anderer europäischer und außereuropäischer Hirtenvölker.

Damit berühren wir die alle am Phänomen Jodeln Interessierten am meisten bewegende Frage: wie alt ist das Jodeln? Es wurde behauptet, es sei nicht älter als dreihundert Jahre. Das ist unwahrscheinlich. Das musikalische Material des Jodelns deckt sich nicht mit dem der übrigen süddeutschen Volksmusik, überhaupt der südlichen Musik jener Zeit.

Wenn wir zwei bedeutende Zeitgenossen um 1700 vergleichen, Bach und Vivaldi, so erkennen wir die beiden, alles bestimmenden und voneinander grundverschiedenen kompositorischen Denkungsarten dieser Meister, die hier stellvertretend für zwei Welten stehen: bei Bach ist es die sogenannte Technik des »Fortspinnens«: ein musikalischer Satz entwickelt sich aus der einem kurzen Eingangsmotiv innewohnenden Dynamik; bei Vivaldi entsteht der musikalische Satz aus bausteinartig zusammengesetzten kleinen Motivzellen. Alle Volksmusik im süddeutschen Raum – und nebenbei auch alle Kunstmusik – ist allein auf diese kurzgliedrige Struktur zurückzuführen. Alle Volksmusik ... bis aufs Jodeln. Das Jodeln ist genau das Gegenteil: melismatisches, also unthematisches Fortspinnen aus der Dynamik eines Eingangsmotives. Das Jodeln dürfte also wesentlich früher entstanden sein als die übrige alpenländische Volksmusik.

Diese Überlegung hat dazu geführt, das Jodeln in Zusammenhang mit dem gregorianischen Gesang zu bringen, der auch melismatisch ist, kultgebunden und vor allem das textlose »jubilare sine verbis« kennt, etwa beim Alleluja.

Dieses Wort »Alleluja« ist eine Jubelsilbe ohne Textwert. Es ist vermutet worden, daß das Jodeln eine volkstümliche Nachbildung, vielleicht sogar eine heidnische Parodie des gregorianischen Chorals sein könnte. Es ist jedoch zwischen gregorianischem Choral und dem Jodeln außer den oben angeführten Äußerlichkeiten nichts Gemeinsames zu finden, im Gegenteil. Während der gregorianische Gesang kaum große Tonschritte kennt, mit Vorliebe in Sekunden fortschreitet, gehören die großen, weiten Tonschritte, vor allem das Pendeln in Dreiklangzerlegungen, zum Bestand des Jodelns.

Das führt uns zurück zu den Hirten. Dreiklangzerlegungen, fanfarenartige Motivbildungen deuten nicht auf vokale, sondern auf instrumentale Musik hin, und zwar auf primitive Blasinstrumente, etwa Alphörner, die nur über die Obertöne ihres tiefen Grundtones verfügen.

Sollte das Jodeln eine verselbständigte Imitation primitiver Blasinstrumente sein? Diese Blasinstrumente, wie auch das Jodeln, dienten zur Verständigung der Hirten über große Entfernungs- und Höhenunterschiede, dienten – wie die urtümlichen Löckler und Loba-Rufe der Schweizer Sennen – dem Locken verlorener Tiere, dienten aber auch dazu, mit ihrem Lauthinhallen die Einsamkeit der hohen Almen mit Schall zu füllen. Wo die Luft ein Jodler quasi ausfüllt, hat ein Dämon keinen Platz.

So ist der Jodler vielleicht ein Hauch aus der tiefen Zeit dieses Landes, in dem, nie genannt aber allgegenwärtig, die uralten mythischen Kräfte, die in verlassenen Ruinen hausen oder über den nebeligen Hochmooren irrlichtern, nicht vergessen sind: die Dämonen des Alpenlandes.

Es ist also wichtig, fremder Wanderer, daß dich, wenn du über herbstliche Matten hin das Alm-Mandl seine Zither schlagen und mit kehliger Stimme sein »Tjo-tjo-ü-ri« singen hörst, daß dich dann ein unerklärlicher Schauer ankommt.

C Eher gesellige Sportarten, das heißt solcherne,
   die wo in der Wirtschaft stattfinden oder sonst in
   geschlossenen Räumen

*7. Das Kegeln
   oder
   Die bayrischen Griechen*

Daß weiland Seine Majestät König Ludwig I. von Bayern mittels Cabinetts-Ordre vom 12. Oktober 1827 sämtliche bairische i in y umwandeln ließ, hatte einen sehr persönlichen Grund. Wenn es nach dem König gegangen wäre, äßen wir heute Weyßwürste zum Maybock, oder auch Beynfleysch, Baron von Fynck wäre steynreych und die Theatynerhofkyrche wäre dem heylygen Kajetan geweyht. Selbst der Erzbyschof von München und Freysyng, eine sonst unantastbare Person, wäre von der Y-Cabynettsordre in Mytleydenschaft gezogen worden, ebenso der Beyschlaf. Nur dem *Preiß* sollte das bayrische Ypsilon versagt bleiben. Der Preiß sollte für alle Zeiten mit dem ordinären i gebrandmarkt bleiben. Aber wie so viele großartige Pläne der bayrischen Herrscher blieb auch die i-Umwandlung in y unvollendet. Lediglich beim Landesnamen, bei den Städten Bayreuth und Freyung vor dem Wald gelang es dem König, das Ypsilon durchzusetzen. Auch die Grafen Preising nahmen das kgl. y an und nannten sich Preysyng, gerieten dadurch aber – denn das war schon im Jahr 1847, wo es am politischen Horizont grollte – in den Verdacht der Anbiederung. Sie beschritten daraufhin einen Mittelweg und legten noch 1848 das zweite y ab. Heute heißen sie also Preysing.

Soweit die Geschichte mit dem bayrischen Ypsilon, das ein Nebenprodukt der Graecomanie König Ludwigs (eigentlich: Ludwygs) I. war. Vor allem wollte der König seine Hauptstadt München in ein Ysar-Athen verwandeln, und zwar buchstäblich. Er träumte sich ein München voll von Säulen, Hainen, Jünglingen usw. und ließ von seinem Archytekten, einem Herrn Leo von Klenze, der aus Niedersachsen stammte, kgl. westphälischer Hofbaumeister gewesen war und von Ludwig aus der Konkursmasse des Königs Jerôme nach München übernommen worden war, die Ludwigstraße, den Königsplatz und alles mögliche andere äußerst antik erbauen. Wir müssen gerecht sein: in Deutschland gilt eigentlich nur die Gotik als fein. Ein Dom, der etwas auf sich hält, ist gotisch. Gotisch ist immer ein wenig düster, hoch und hehr. Das hat auch auf die Kunstgeschichte abgefärbt. Romanik und Renaissance gibt es in Deutschland nicht so arg viel, daß ihre Anhänger den Gotisten gefährlich werden könnten. Das Barock ist hauptsächlich in Süddeutschland verbreitet und wird schon an der Universität Heidelberg nur mehr ungern gelehrt, denn Barock gilt schon als ein wenig unseriös, vom Rokoko ganz zu schweigen. Und alles, was danach im 19. Jahrhundert gebaut wurde, ignoriert die offizielle Kunstgeschichte. Wenn wir aber durch Vorbildung ungetrübt die Prachtbauten des ludowikischen Klenze anschauen, erscheinen sie gar nicht so übel. Oder: stellen wir uns vor, die Welt erlebte das Jahr 10000 n. Chr., und es gäbe da noch Menschen und unter diesen Menschen Archäologen, und die grüben aus – für den Archäologen des Jahres 10000 sind Palladio und Klenze praktisch Zeitgenossen, sozusagen nur in Nuancen verschieden. Ob Klenze dann als der schlechteste angesehen würde? Wer weiß.

Aber für König Ludwig I. war das noch nicht genug griechisch. Damals hatten gerade die Griechen, wie es in den Geschichtsbüchern heißt, das türkische Joch abgeschüttelt. Was für Adenauer die Kommunisten, für den Teufel das Weihwasser und für Dracula der Knoblauch, das waren für das Christliche Abendland seit dem Fall Konstantinopels die Türken: nämlich der Feind schlechthin, bei dessen bloßer Erwähnung einem die Zähne klirren, den man aus der Entfernung schmäht; je größer die Entfernung, desto heftiger das Schmähen. Gewiß haben die Türken bei ihren Feldzügen durch Europa gehaust... ja wie, so ungefähr wie die Schweden in Deutschland oder wie Tillys Bayern in Sachsen oder wie Wallenstein in Mecklenburg oder wie die Franzosen in der Pfalz, kurzum: wie die Hunnen. Gewiß – aber ob die türkische Herrschaft ein Joch war, ist noch nicht ausgemacht. Die türkische Herrschaft auf dem Balkan war duldsam in Glaubensdingen, ließ den Völkern ihre eigenen Fürsten, ihre Sprache, ihre Lebensart und ihre Priester auch dann, wenn diese Priester gegen die Türken geiferten, die sich eigentlich kein anderes Verbrechen zuschulden kommen ließen als das, keine Christen zu sein.

Also vielleicht kein Joch... dafür aber auch keine Griechen, denn was zur Zeit Ludwigs I. in Griechenland lebte und was dort heute noch lebt, hieß und heißt zwar immer noch Alexander und Platon und Aristoteles, ist aber albanischer, spanischer, bulgarischer, normannischer, arabischer und italienischer Abstammung, stark mit Türkenblut vermischt. Hie und da ist natürlich auch ein Grieche dabei, so oft ungefähr, wie man im Teutoburger Wald einen Cherusker trifft.

Diese Nicht-Griechen hatten damals, als den von der Griechenbegeisterung ergriffenen bayrischen Ludwig das y-Fieber beutelte, das türkische Nicht-Joch abgeschüttelt und standen 1828 in ihrer neuen, nackten Unabhängigkeit da. Sie umgaben sich alsbald mit dem Mantel eines Königtums, und dafür brauchten sie einen König. Nun hätten sie natürlich einen ruhmbedeckten Kapodistrias oder Ypsilantis aus dem Freiheitskampf dafür hernehmen können, aber schon allein der Schimmer der Möglichkeit, daß eine der griechischen Sippen Königsfamilie werden sollte und alle anderen damit untergeordnet, löste eine derartig vehemente Eifersuchtsorgie aus, daß binnen weniger Jahre von den alten Heldenfamilien keine mehr übriggeblieben wäre. Man einigte sich nun darauf, um niemand im Lande zu kränken, einen auswärtigen, stellungslosen Fürsten anzuheuern. Die Wahl der griechischen Nationalversammlung, die in Nauplia zusammengetreten war, fiel auf einen gewissen Leopold, Prinzen von Sachsen-Coburg und Gotha. Dieser Prinz war der Gemahl der englischen Kronprinzessin Charlotte gewesen und wäre der Stammvater aller künftigen englischen Könige geworden, wenn nicht die Kronprinzessin im ersten Kindbett gestorben wäre. (Die englische Krone erbte dann ihre Cousine Victoria.) Man hätte meinen können, der verhinderte englische Königsvater wäre dann nicht ungern wenigstens ›König der Hellenen‹ geworden. Mitnichten. Er winkte dankend ab. (Später wurde der vazierende Prinz dann doch noch König, und zwar in dem vergleichsweise ruhigen und gesitteten Belgien.) Als Leopold abgewunken hatte, nahm der griechenbesessene bayrische Ludwig seinen zweitgeborenen Prinzen Otto Friedrich Ludwig an der Hand und präsentierte ihn der griechischen Nationalversammlung. Die Griechen dachten wohl: bevor wir uns einen neuen Korb holen – und nahmen den eben 17 Jahre alt gewordenen Otto, der noch gar nicht so recht wußte, was ihm geschah. Er hieß dann Othon I., bekam vom Herrn Papa 3500 Mann feiner bayrischer Infanterie sowie die Herren Grafen Armansperg, v. Maurer, v. Abel und den General Heidegg mit, außerdem den bayrischen Bierbrauer

Fitz und den oben erwähnten Herrn Architekten von Klenze, denn Athen war damals ein Kuhdorf mit ein paar Marmortrümmern, ein paar mittelalterlichen Kirchen und verhältnismäßig viel Schmutz. Von Antike war weit und breit nichts zu sehen. Herr von Klenze konnte ins Volle, resp. ins Leere greifen und Athen bauen. Was heute in Athen antik ist, ist fast alles von Klenze. Auch der Bierbrauer Fitz zeitigte schöne Erfolge. Von allen Bieren in südlichen Ländern ist das griechische am bayrischsten, denn es wird heute noch – übrigens nach wie vor von der Familie Fitz, die sich jetzt ΦΙΞ schreibt – nach bayrischen Maßstäben gebraut. Weniger bewährte sich Otto selber, denn er wurde 1862 von den Griechen wieder entlassen.

Das ist natürlich längst nicht alles an bayrischer Beziehung zu Hellas, das sind sozusagen nur die Spitzen. So gab es zum Beispiel den Herrn Architekten Bürklein, der in Athen das Königsschloß (selbstredend antik) erbaute. Der kgl. bayrische Historienmaler Ulrich Halbreiter malte dieses Schloß dann aus, und der Landschaftsmaler Löffler bildete in Athen eine ganze Generation von griechischen Malern heran. Es kamen aber auch sehr viele Griechen nach München. Schon 1815 wurde in München ein »Athenäum« errichtet, an dem die Herren Dr. Rigler und Zirngiebel junge Grie-

chen unterrichteten. Griechische Kadetten wurden in München zu Offizieren ausgebildet; der berühmte »Griechenverein« tat sich im Lauf der ersten Regierungsjahre Ludwigs I. so wichtig, daß er dem König selber – und das will ja wohl allerhand heißen – allzu antik wurde. Das kam so: der kgl. bayrische Oberstleutnant Herakleonas von Kluibenbichler war eineinhalb Jahre à la suite Sr. Majestät des Königs der Hellenen gestellt worden. Der stets schon etwas schwärmerische Offizier behauptete nach seiner Rückversetzung nach Bayern, ihm sei gelegentlich einer Entenjagd in Akarnanien die Göttin Diana erschienen – völlig nackt – und habe ihm einen goldenen Stiefel überreicht. Leider sei ihm der Stiefel, erzählte Obstl. v. Kluibenbichler später, um ein, zwei Nummern zu klein gewesen, so daß er ihn nicht habe anziehen können. Er habe es probiert, fuhr der Oberstleutnant fort, aber es sei nicht gegangen. Der Stiefel habe unmenschlich gedrückt. Dennoch habe er einen inneren Drang oder vielmehr: zwei innere Dränge verspürt. Einmal: seinen völlig unantiken Vornamen Franz Xaver in Herakleonas umzuwandeln, und zweitens: griechischen Geist nach Bayern zu verpflanzen, und zwar *echten*. (Was Herr von Kluibenbichler darunter verstand, wurde erst später – zu spät – klar.) Wenn er schon nicht den goldenen Stiefel tragen könne, so sei er, berichtete der Offizier in einer Audienz dem König Ludwig, doch fest entschlossen, den beiden Drängen zu folgen.

Der König genehmigte huldvollst die Vornamensänderung. Griechischen Geist nach Bayern einzuführen, meinte der König, sei ja wohl gut. Das wäre so wie Eulen nach Athen resp. nach München tragen. Aber er wolle, sagte Seine Majestät, dem Offizier keine Hindernisse in den Weg legen. Jeder Philhellene sei willkommen, und er verwies ihn an den »Griechenverein«.

Ludwig ahnte nicht, daß Kluibenbichler 1. Gefallen an der Knabenliebe gefunden hatte und 2. unter Abschaffung der katholischen Kirche in Bayern zwangsweise die antike Hellenen-Religion einführen wollte. Das war es nämlich, was Herr von Kluibenbichler unter *echtem* Griechentum verstand. Sei es, daß Schwärmer ohnedies ansteckend wirken, sei es, daß dem Oberstleutnant die antike Diana wirklich erschienen war und ihm mit dem Stiefel auch die Rednergabe des Demosthenes verliehen hatte, jedenfalls gelang es Kluibenbichler binnen kurzem, den gesamten »Griechenverein« für seinen Plan zu begeistern. Dem König wurde es schon etwas mulmig, als er davon hörte. Das mit der Knabenliebe störte ihn nicht so sehr, im Gegenteil, je mehr andere Männer sich den Knaben zuwandten, desto mehr Frauen blieben ihm,* »aber hoffentlich kommt das mit der Griechen-Religion«, sagte der König, »nicht dem Erzbischof zu Ohren.«

Es kam dem Erzbischof nicht nur zu *Ohren*. Am Tag der Fronleichnamsprozession 1836 nämlich veranstaltete der »Griechenverein« einen Panathenäenzug mit nackichten Jünglingen und Jungfrauen, Fackelläufern, lautstarken Rhapsoden, geschlachteten Hammeln und so fort. Vor der Höheren Mädchenschule in der heutigen Prannerstraße, ungefähr dort, wo jetzt der hintere Ausgang des »Bayerischen Hofes« ist, traf der Zug auf die Fronleichnamsprozession. Es gab ein fürchterliches Durcheinander. Das Militär versuchte, die »Griechen« zum Rochusbergl abzudrängen, aber die Prannerstraße war damals schon, obwohl noch keine Autos dort parkten, zu eng für durchdachte

---

* Ludwig I. war, salva venia, ein enormer Schürzenjäger. In Nymphenburg wird heute noch die Schönheitsgalerie seiner Angebeteten gezeigt, die allerdings längst nicht vollständig ist. Bekannt ist auch die Affaire Ludwigs mit der Tänzerin Lola Montez, die den König 1848 den Thron kostete.

strategische Operationen. Ein erzbischöflicher Thronassistent, der den Bischofsstab trug, schlug mit dem geheiligten Instrument auf die Gegendemonstranten ein, blieb aber mit dem Krummstab in einem geschlachteten Hammel hängen. Die Prozession mußte abgebrochen werden. Es war ein Skandal.

Wohl oder übel mußte nun der König den »Griechenverein« auflösen. Doch wurden die Verantwortlichen erstaunlich milde bestraft. Oberstleutnant von Kluibenbichler, in dem man allgemein mit Recht den Haupturheber sah, wurde lediglich in die ödeste bayrische Garnison – nach Sulzbach – versetzt und sein goldener Stiefel konfisziert. Es dauerte einige Jahre, bis Gras über die Sache gewachsen war. Dann wurde in aller Stille der »Griechenverein« wieder genehmigt, der, um seine gewandelte Gesinnung zu bezeugen, geschlossen an der nächsten Fronleichnamsprozession teilnahm. Nur der Bischof wandte sich, als die Prozession an jener Stelle hinterm heutigen »Bayerischen Hof« vorbeikam, zu den »Griechen« und holte mit der Monstranz ein wenig aus, warf sie aber nicht. Der

»Griechenverein« duckte beschämt die Köpfe und sang besonders laut: »O Stern im Meere«.

Der goldene Stiefel des Oberstleutnants wurde mit einem gewissen Schaudern im Geheimen Haus-, Hof- und Staatsarchiv aufbewahrt. Man raunte lange noch unheimliche Dinge davon, die mit dem Tod Ludwigs II., mit dem Wahnsinn von dessen Bruder Otto (der nicht mit dem vertriebenen griechischen Otto identisch war), mit dem Sturz der bayrischen Monarchie, ja selbst mit der Ermordung des sozialistischen Ministerpräsidenten Eisner zusammenhängen sollen. Ob und wo der Stiefel heute noch aufbewahrt wird, konnte ich nicht erfahren. Die ganze Angelegenheit wird so sorgsam unterdrückt, daß selbst in Riezlers sonst so ausführlicher ›Geschichte Bayerns‹ nichts davon steht. (So war der Stand meines Wissens, als ich damals im Jahr 1971 dieses Buch schrieb. Inzwischen habe ich von einem Gewährsmann, der über alle Zweifel erhaben ist, nämlich von Hans F. Nöhbauer* erfahren, daß der Prinzregent Luitpold den Stiefel um das Jahr 1890 heimlich in seine Privatgemächer habe bringen lassen. Dort habe er ihn unter seinem Betstuhl versteckt. Den Stiefel anzuziehen, sei auch ihm nicht möglich gewesen, da auch der Prinzregent zu große Füße hatte. Immerhin aber ließ der Prinzregent durch den Hofschuster Eduard Mayer einen weiteren Stiefel anfertigen und den ersten so zum Paar ergänzen. Der Sohn des Prinzregenten, der spätere König Ludwig III., ließ die Stiefel nach dem Tod des Vaters dem Archiv zu-

---

* Nöhbauer, Hans F., Dr. phil., bedeutender niederbayrischer, in München lebender Publizist und Schriftsteller, Verfasser zahlreicher kenntnisvoller Bavarica. Was das »F.« in seinem Namen bedeutet, weigert er sich zu verraten. Sein Verleger hat einmal heimtückisch an Nöhbauers Heimatgemeinde geschrieben, um das Rätsel des »F.« mittels des Taufregisters zu lösen. Aber ausgerechnet – zufällig? naja – ist grad dort ein großer Tintenfleck, wo die weiteren Buchstaben nach dem F stehen. Ich vertrete die Theorie, daß Nöhbauer: Hans Friedfert heißt.

rückstellen – nur wußte man nicht mehr, welcher der echte, ursprüngliche war: der rechte oder der linke? Später habe sich dann – aber das vertraute mir Nöhbauer nur hinter vorgehaltener Hand an – Göring der Stiefel bemächtigt, dem sie allerdings zu groß waren. Er stopfte sie aber aus und konnte sie somit tragen. Bei aller dumpfgummihaften Borniertheit haftete ja Göring als einzigem der sonst kleinbürgerlichen Naziführer ein Hauch von barocker Farbigkeit an.

Seit dem Kriegsende seien, sagt Nöhbauer, die Stiefel dann verschwunden.)

Übrigens gab es auch Exzesse in umgekehrter Richtung. Die griechischen Kadetten, die oft ziemlich lange in München waren, sprachen nach kurzer Zeit perfekt bayrisch. Noch nach ihrer Rückkehr nach Griechenland bedienten sie sich untereinander, wenn andere Griechen sie nicht verstehen sollten, der bayrischen Sprache. Da die in München ausgebildeten Offiziere als Elite galten, eiferten ihnen die anderen Militärs bald nach. Binnen kurzem sprach das ganze griechische Offizierskorps bayrisch, nicht lange danach die bessere Gesellschaft. Bayrisch wurde schick. Die gehobene Bürgerschicht schickte ihre Töchter und Söhne nach Bayern, wo sie bayrisch lernen mußten. Die griechischen Diplomaten sprachen untereinander bayrisch. Das Bayrische begann um 1840 in Griechenland bereits ins Volk zu dringen, als dem ein Verbot des Königs Einhalt gebot – des bayrischen Königs, wohlgemerkt, der Sorge hatte, daß sein Sohn, der griechische König, so nie griechisch lernen würde. Ganz hat sich das aber natürlich nicht unterdrücken lassen. Erst als die antibayrische Revolution unter General Papadiamantopulos an die Macht kam, geriet die bayrische Sprache in Griechenland außer Mode. Der Ober-Grieche unter den bayrischen Gelehrten aber war ein Preuße. Genaugenommen stammte er aus Sachsen und hieß Friedrich Thiersch. Er kam 1809 als Gymnasialprofessor nach München. Ludwig I. wollte später Thiersch durch ein Y im Namen ehren (»Thyersch«), aber der Gelehrte flehte den König an, den ohnedies so sperrigen Namen nicht noch durch ein Y zu komplizieren. So gewährte ihm Ludwig die Gunst, daß der Professor das Y seiner Heimatstadt überstellen durfte, die seitdem Freyburg an der Unstrut heißt.

Thiersch war nicht der einzige Norddeutsche, den Max I. nach München berufen hatte. Die einheimischen Gelehrten waren natürlich neidig, nannten die Neuen »Nordlichter« und begannen langsam zu stänkern. Es war hauptsächlich der kgl. Oberbibliothekar Christoph von Aretin, der dem Unwillen der Alteingesessenen Ausdruck verlieh, allerdings in einer eher utopischen Form. Er schrieb eine Abhandlung ›Die Pläne Napoleons und seiner Gegner in Deutschland‹, in der er ein Komplott der »Borussomanen« und »Anglomanen« mit einer »protestantischen Liga« gegen die Bayern anprangerte. Als Bollwerk gegen diese Kräfte bezeichnete Aretin Napoleon, den er als Protektor Bayerns sah. Die Streitschrift erschien 1809 und ließ den bis dahin nur schwelenden Streit aufflammen.

Obwohl Thiersch unter den »Nordlichtern« damals noch ein unbedeutendes Würstchen war, erhitzten sich die Gemüter speziell an ihm, denn er sprach sehr laut und ein enorm penetrantes Sächsisch, was ihn selbst im Rahmen der »Nordlichter« deutlich hervorhob. Thiersch antwortete 1810 mit einer Schrift ›Über die angenommenen Unterschiede zwischen Süd- und Norddeutschland‹. Das machte einen Riesenwirbel; Thiersch behauptete sogar, Aretin habe versucht, ihn zu ermorden. Letzten Endes zog Herr von Aretin den kürzeren, denn als Napoleon in der welthistorischen Versenkung von Elba vorerst einmal verschwunden war, und damit klar war, daß Aretin auf das falsche politische Pferd gesetzt hatte, wurde er gefeuert, das heißt, zum Appellationsgerichtsdirektor in Neuburg (einem Nest an der Donau) hinaus-befördert. Verbittert schrieb er dort später so explosive Schriften wie das Schauspiel ›Ludwig der Bayer‹ und eine ›Darstellung der bayrischen Kreditvereinsanstalt‹. Thiersch dagegen schwoll zur Vollform auf. Er wurde Universitätsprofessor, nannte sich »Praeceptor Bavariae«, war ein Obermacher des »Griechenvereins« und fuhr 1831 und 1832 nach Griechenland, um an Ort und Stelle seine Griechenstudien zu betreiben. Er hatte nämlich vorher schon eine ›Griechische Grammatik, vorzüglich des Homerischen Dialekts‹ und eine zweibändige Pindar-Bearbeitung geschrieben. Er galt bis in die jüngste Zeit als derjenige Gelehrte, der das Griechische am reinsten sächsisch sprach. Und als Thiersch 1858 das fünfzigjährige Lehrerjubiläum feierte und ihm bei dieser Gelegenheit die griechischen National-Dichter eine Pindar-Ode auf Thiersch überreichten, vergaß man sogar, daß Thierschs Bruder Bernhard der Verfasser des trutzigen ›Preußenliedes‹ war.

Als Thiersch 1832 aus Griechenland zurückkam, erzählte er unter anderem, daß er auf der Insel Euböa griechische Jungbauern bei einer Tätigkeit beobachtet habe, die Licht auf jenen bislang dunklen Vers im Gesang der Odyssee werfe, wo von einer Belustigung der Freier die Rede sei, die in der Vossischen Übersetzung mit »Steineschieben« wiedergegeben wird. Thiersch sagte, er habe immer geglaubt, dieses »Steineschieben« sei auch so eine Kraftmeierei und nichts anderes als das sinnlose Herumwälzen von Felsbrocken auf einer Wiese. Nun aber habe er auf Euböa die jungen Griechen gesehen, die eine Steinkugel nach ganz bestimmten Regeln auf einer geraden Bahn dahingerollt hätten, an deren Ende neun Holzsäulchen aufgestellt waren. Es galt, die Holzsäulchen mit der Steinkugel umzu-

werfen. Wie eine Offenbarung – so Thiersch – sei ihm plötzlich das Bild der kegelnden Achaier aufgeleuchtet. Er habe förmlich gesehen, wie Amphinomos, der dulichische* Freier, oder der männergebietende Sauhirt Eumaios in die Vollen kegelten.

Thiersch schilderte dieses Bild so anschaulich, daß König Ludwig, hellauf entzückt, das antike Kegeln sofort in ganz Bayern einführte. Überall wurden unter kgl. Patronat Kegelvereine gegründet und Kegelbahnen errichtet. Im Gegensatz zu vielen anderen Neuerungen Ludwigs fanden die Bayern sofort ungeheures Vergnügen am »Steineschieben«. Freilich, beim Kegeln sich in antike Gewänder zu kleiden, wie es der Kegel-Plan Ludwigs ursprünglich vorsah, begeisterte die Bayern nicht. Auch das Kegeln als Weihe- und Gottesdienst zu begreifen, war dem niederen Volk

---

* Dulichion, nach der Sage eine Insel im Ionischen Meer. Homer nennt sie als eine der neun Echinaden (Inseln gegenüber der Mündung des Acheloos) und größer als Ithaka, von welcher sie südöstlich gelegen haben soll. Manche meinen, mit Dulichion sei Kephallinia gemeint, andere halten sie für die untergegangene Insel Kakaba.

letztlich verwehrt. Was blieb, war eine Sportart, die der bayrischen Mentalität wie kaum eine andere angemessen ist: sie verschafft Bewegung, verschleißt überflüssige Kraft, gibt Anlaß zu kerniger Rede, macht Durst und findet dennoch im geschlossenen Raume statt.

Übrigens huldigte auch der Wittelsbacher Hof dem Kegeln. Von Ludwig I. bis zum Kronprinzen Rupprecht waren fast alle gekrönten Häupter Bayerns eifrige Kegler. Ludwig II. wollte Richard Wagner dazu bewegen, nach dem ›Tristan‹ eine Kegeloper ›Alle Neune‹ zu schreiben.*

Ob Wagner den Plan ernsthaft erwog oder ob er ihn nur nicht rundweg ablehnte, um seinen königlichen Gönner nicht zu kränken, ist nicht zu entscheiden. Wagner schrieb, daß er sich sehr wohl das Rollen der Kugel, das Fallen der Kegel usw. tonmalerisch vorstellen könne; er finde den Plan interessant und habe auch bereits ein Motiv für einen musikalischen Kegelschub gefunden (im 9[!]-Achtel-Takt): sicher ist, daß Wagner den Plan nicht weiter verfolgte. Das Motiv allerdings verwendete er später für das bekannte musikalische Salon-Stück ›Der Walkürenritt‹**. Interessant ist in dem Zusammenhang, daß die Zahl der Walküren, die in der ›Walküre‹ auftreten, eine ferne Reminiszenz an den Ursprung des Motives ist: es sind nämlich – einschließlich Brunhilde – *neun*.

So eng verflochten also mit der griechischen Antike ist das Kegeln. Bei den Vorbereitungen zur Olympiade 1972 hat der Bayrische Dachverband der Vereinigten Kegelvereine e. V. zaghaft versucht, das Kegeln zur

---

* Vgl. Otto Strobel, König Ludwig II. und Richard Wagner, Briefwechsel, Band 3, S. 221, Karlsruhe 1936–1939.

** Anm. d. Verlages: Wir fühlen uns verpflichtet, das p.p. Publikum darauf hinzuweisen, daß der Autor sich hier einen Scherz mit uns zu erlauben scheint. Die erste Begegnung Wagners mit Ludwig II. fand 1864 statt, während die ›Walküre‹ schon 1854–56 entstanden ist.

olympischen Disziplin zu erheben. Man braucht nur die Jugend der Welt-Funktionäre anzuschauen und errät sogleich, daß dieser Plan bei der beim Olympischen Komitee vorherrschenden Humorlosigkeit kommentarlos abgelehnt wurde. Dabei gleichen sowohl Köpfe als auch Figuren dieser Sport-Götzen den Kegelkugeln. Aber das hat auch sein Gutes, denn die jüngsten Ereignisse haben gezeigt, daß mit der Olympischen Schnaps-Idee ohnedies bald Schluß ist, und so wird das Kegeln nicht in den allgemeinen Verruf der olympischen Kommerz- und Politsportarten hineingezogen. Olympisch im reinen Sinn wäre das Kegeln, denn selbst der Marathonlauf ist weit jüngeren Ursprungs als das homerische »Steineschieben«. Und gar nicht zu reden vom Ästhetischen. Wenn man einem Stabhochspringer zuschaut, wie er mit seinem Stecken losrennt und, als sei er ein aufgescheuchter Frosch, über ein Stangerl hüpft, um dann in menschenunwürdiger Haltung in einen Schaumgummihaufen zu fallen ... dagegen das kraftvolle Ausholen gestählter Kegelarme, die die Kugel bedächtig schwingen; die blitzenden Augen, die auf einen Saunagel gerichtet sind;

die konzentrierte Energie, die sich in den sorgsam kalkulierten Schub entleert, worauf sich der Kegler aufrichtet, zur frischen Maß greift und, während die Kegel purzeln, das kühle Bier hinunterrinnen läßt. Das hat etwas Antikisches, unstreitig. Da hatte der alte bayrische Sachse Thiersch schon recht. Übrigens verdanken wir Thiersch noch eine andere Errungenschaft. Er hat sich nämlich auch Gedanken über jenen Vers im 18. Gesang gemacht, in dem der Eupeithide Antinoos sagt:

> »Ziegenmagen liegen für uns und rösten im Feuer
> Blut- und fettgefüllt und sollen zum Nachtmahl
> uns dienen.«

Prof. Thiersch tat sich mit dem Hofmetzgermeister Zwirnsteiner zusammen. Sie experimentierten. Thiersch steuerte das theoretische Fundament, Zwirnsteiner die praktische Erkenntnis bei. So erfanden sie die Blutwurst.

8. Das Kartenspielen, vornehmlich Das Schaffkopfen

Mit dem vorhergehenden Kapitel über das Kegeln haben wir, abgesehen von dem Einblick in das antikische Wesen des Bayern, den Schritt zu den Geselligen Sportarten getan. Wir erinnern uns: Anstrengende oder An-Sich-Ungesunde Sportarten sind solche, die in frischer Luft stattfinden; die Bedingt-Ungesunden oder Geselligen Sportarten werden in geschlossenen Räumen, d. h. hauptsächlich im Gasthaus ausgeübt. Die Schäden, die bei den Geselligen Sportarten auftreten können, hängen meist nur mittelbar mit dem Sport zusammen. Geteilte Meinung über die Spielregel, Verdacht auf unredliche Spielhaltung des Partners oder dergleichen können natürlich zu Körperverletzungen führen. Auch die gar nicht seltenen Knöchelverletzungen beim triumphalen Ausspielen des »Alten« (das ist der Eichelober) auf den harten Eichentisch, die Erstickungsanfälle beim Wettschnupfen, die Magenzerrungen nach dem Knödelwettessen und die versehentlichen Tritte mit genagelten Schuhen beim Schuhplatteln (die aber meist nicht die Mittänzer, sondern zuschauende Sommerfrischler treffen, eigenartigerweise) gehören mehr ins Gebiet der sportlichen Randerscheinungen, während die abgerissenen Finger beim Fingerhakeln essentielle Bestandteile dieser Sportart sind. Da sich aber unter den bayrischen Fingerhaklern selten ein Rubinstein befindet, für den ein abgerissener Finger ein spürbarer Verlust wäre, nimmt man zwei, drei fehlende Finger im Lauf des Lebens als tragbar hin und empfindet das als weniger ungesund als einen Schnupfen, den man sich im Umgang mit frischer Luft holt.

Kegeln war also die erste frischluftgeschützte Sportart. Kegelbahnen finden sich in aller Regel in Kellern von Gaststätten oder in Nebengebäuden. Wenn es noch irgendwo eine Kegelbahn in einem Wirtsgarten geben sollte, so ist sie immer zumindest überdacht und an der Wetterseite mit Brettern vernagelt.

Der Wirtshaus-Sport schlechthin aber ist das Kartenspielen. Da gibt es in Bayern: das Sechsundsechzig, das Watten, das Kritisch-Watten, das Tarocken und vor allem und weitaus beliebter und verbreiteter als alle anderen miteinander: das Schaffkopfen. Das Watten und das Kritisch-Watten sind Spiele, die man um Geld besser nur spielt, wenn die Polizei nicht zuschaut, denn sie sind verboten. Es werden im Lauf des Spiels nicht alle Karten ausgegeben, es sind also Glücksspiele. Das Sechsundsechzig oder Schnapsen ist auch anderswo bekannt, das bayrische Tarocken ist nicht das geheimnisvolle und mysteriöse k. u. k. Tarock mit Sküs, Mond und Pagat, sondern der sogenannte »Haferl-Tarock«, eine Art Sechsundsechzig zu viert.

Ein Kollege von mir, der jetzige Landgerichtsrat Magerer, ein (notabene!) echter Münchner, war in den Anfängen seiner Justizkarriere Gerichtsassessor bei der Staatsanwaltschaft Traunstein. Eines Tages mußte er in einer »Verkehrsstrafsache mit Alkohol« in der Berufungsinstanz vor der Kammer in Traunstein die Anklage vertreten. Der Angeklagte, ein Bauer aus der Chiemseegegend, war betrunken mit seinem Auto vom »Platteln« nach Hause gefahren und hatte einen Unfall verursacht. Der junge Gerichtsassessor – um es zu wiederholen: beileibe kein Preiß, sondern ein Münchner, allerdings kein Sohn des Landgerichtsbezirkes Traunstein – begann sein Plädoyer etwa so:

»Der Angeklagte, der verantwortungs- und rücksichtslos nach überreichlichem Biergenuß in seinem Wagen vom Schaffkopfen nach Hause fuhr –«

Da zeigte der Angeklagte auf. An sich ist es freilich eine grobe Ungehörigkeit, den Staatsanwalt beim Plädoyer zu unterbrechen, das tut nicht einmal der Vorsitzende, aber dieser Angeklagte hier war so aufgeregt, wie er da aufzeigte und mit der Hand winkte...

»Was ham S' denn?« fragte der Vorsitzende, ein weitum bekannter, volksnaher Richter, dessen Name so ähnlich wie Tachertinger lautete und keinen Zweifel an der urbajuwarischen Herkunft seines Trägers zuließ. »Was is's nachher?«

»Net vom Schaffkopfa, Herr Staatsanwoit, vom Plattln bin i kumma.«

Ärgerlich machte Assessor Magerer eine große Geste: »Also gut... Der Angeklagte kam also vom Plattln oder irgend so einem Kartenspiel...«

Da blitzte ein Moment der vollkommenen geistigen Übereinstimmung zwischen dem Vorsitzenden und dem Angeklagten auf. Der Vorsitzende beugte sich zum Angeklagten hinunter und sagte:

»Er woaß's net. Mir hammer oiwei des G'scheer mit de Gastarbeiter vo Minka auffer.«

Plattln ist nämlich kein Kartenspiel, sondern eine Art Eisstockschießen ohne Eis, ein Mittelding zwischen Boccia und Diskuswerfen.

Diese wahre Begebenheit – ich habe nur die Namen geändert – zeigt, wie stark das bajuwarische Gefälle zwischen München und dem bayrischen Land bereits ist. Dabei konnte der Assessor Magerer das Wort *Schaffkopfen* sogar noch richtig aussprechen. Ein Preuße hätte *Schafkopfen* gesagt. Da hätte natürlich der Angeklagte so wenig wie der Vorsitzende hingehört.

»Wollen Sie nichts zu Ihrer Verteidigung anführen?« hatte einmal ein aus Berlin stammender, in München amtierender Richter einen Angeklagten gefragt. (Auch diese Begebenheit ist wahr.) Der Angeklagte schüttelte den Kopf. »Liaba laß i mi verurteiln, als daß i an Preißn was verzähl.« Das ist nicht so sehr

Stolz oder Arroganz dem Preußen gegenüber als Resignation. Ein Preiß wird einen Bayern nie verstehen. Ein Bayer einen Preußen auch nicht; aber den Bayern ist das Wurst.

Schaffkopfen heißt es also, nicht Schafkopfen.* Zwar schreibt der alte Meyer – der sonst fast immer recht hat –, die Bezeichnung komme daher, daß man beim Ankreiden der gewonnenen Partien die – meist acht – Striche zu einem Schafskopf zusammenfügte. Die Erklärung kommt mir sehr fadenscheinig vor, denn wenn einmal ein paar Schaffkopfer beieinander sitzen, so hören sie nach acht Spielen nur auf, wenn die Welt untergeht. Schaffkopfen ist – wie jedes Kartenspiel – eine verstrickende Tätigkeit. Fast alles auf der Welt wird langweilig, wenn man es zu lang ohne Unterbrechung tut. Nur das Kartenspielen wird desto spannender, je länger man ohne Unterbrechung spielt. Es muß ein geheimer, noch völlig unerforschter Seelenmechanismus sein, der einen in das Kartenspiel hineinzieht, so tief, daß einem die immer spätere Nacht, ja der Lauf der Welt gleichgültig wird. Schopenhauer sagt, das Kartenspiel sei der deklarierte Bankrott aller Gedanken. Mag sein, gewiß ist das Kartenspiel eine Flucht in untere Bewußtseinsebenen. Aber das erklärt noch nicht die Verstrickung, die davon ausgeht. Vielleicht ist es wirklich der Spielteufel? Ganz einfach – kein Seelenmechanismus, kein tiefenpsychologisches Problem, nichts, nur schlicht ein kleiner – nicht unliebenswürdiger – Dämon, der einen an den Haaren packt, wenn man das »Gebetbuch des Teufels« einmal in die Hand genommen hat, und der einen nicht mehr losläßt?

Der Bayer, der gern alle Phänomene des Lebens to-

---

* Im Ernst: die Herkunft des Namens ist ungeklärt. Selbst die Philologen sind um eine Antwort verlegen. So trifft auch auf dieses echt bayrische Spiel der echt bayrische Spruch zu: Nix g'wieß woaß ma net.

tal begreift (wie wir oben bei dem Kapitel über das Festefeiern dargelegt haben), neigt deshalb bei dem ohnedies exzessiven Kartenspiel zu grenzenlosen Exzessen, und nicht nur zeitlicher Natur. Die Fälle, in denen ein Schaffkopfer Haus, Hof, ja sogar Weib und Kinder verspielt hat, waren nicht selten. Heute sind bäuerliche Anwesen eher eine Last, deshalb hat sich das aufgehört. Ein bekanntes Kreuz für bayrische Kellnerinnen ist das Hinauswerfen der Kartenspieler nach der Sperrstunde. Sie spielen und spielen – Gras-Solo; Stoß; Retour; Schneider; Schneider Schwarz; Mit der Schellen-Sau; langer Weg-kurze Farb – sie spielen um zehn, um elf, um zwölf – Einmal Hoch und einmal Nieder ist der Arsch der Tante Frieda; Eichel sticht; Wenn's d' an U hast, sagt der Pappa, tuast'n nei; – um halb eins, um eins – Es gibt kein Bier mehr. Die Schaffkopfer brummen zwar, spielen aber weiter. Viertel nach eins: einen Wenz; mit drei; und klopft'is aa; – Die Kellnerin stellt die Stühle rundum auf die Tische – Gras-Solo; hab' i ma do denkt, daß der Hund no an Zehner hint'n hat; 59 ... au weh: vor'n Abort in d'Hos'n g'schissn. Das Licht wird ausgelöscht. Die innere Glut der Schaffkopfer beleuchtet die Szene. Sie spielen weiter ...

Ich hab einen Fall erlebt, in dem für einen Menschen das Kartenspielen existentiell war. Der Fall hieß Hauzenböck Günther und spielte – im doppelten Wortsinn – im Augustiner in der Neuhauser Straße. Der Hauzenböck Günther, ein junger Mann, war Verkäufer in einem großen Konfektionshaus gegenüber dem Augustiner. Um sechs Uhr sperrte das Kaufhaus zu. Um sechs Uhr fünf Minuten saß der Hauzenböck Günther im Augustiner beim Schaffkopf, an Samstagen um zwei Uhr fünf Minuten, und an Sonn- und Feiertagen hatte der Hauzenböck Günther um dreiviertel zehn die Türklinke des Augustiners in der Hand und ließ sie nicht mehr los, bis um zehn Uhr aufgemacht wurde. Da war er dann stets der erste Gast und mischte nervös die Karten, bis seine Schaffkopfbrüder kamen, die noch gar nicht aus dem zweiten Mantelärmel geschlüpft waren, als das erste Spiel schon ausgegeben war. Selbstverständlich blieb der Hauzenböck Günther bis zur Sperrstunde und darüber hinaus solang es irgend ging. Es gab jeden Tag, wirklich jeden Tag, ein Theater, keifende Kellnerinnen und ein ernstes Drohen mit Lokalverbot seitens des Geschäftsführers, bis der Hauzenböck Günther endlich ging – und zwar ins »Trocadero« hinten in der Damenstiftstraße, das bis vier Uhr offen hatte. Dort spielte er weiter. Der Hauzenböck Günther hatte nicht einen, er hatte mehrere Schaffkopf-Stammtische im Augustiner, an denen er im Laufe eines Abends abwechselnd – manchmal hatte man das Gefühl: gleichzeitig – spielte. Der Hauzenböck Günther, es ist nicht anders zu sagen: ging im Kartenspiel auf. Er war kein dummer Mensch, hatte keinen engen Horizont, aber sein Horizont war ausgefüllt mit Spielkarten. Sein Bewußtsein hieß Schaffkopf. Seine Welt war der Augustiner in der Neuhauser Straße. Das ging so weit, daß er die Befriedigung seiner erotischen Bedürfnisse ausschließlich bei den Augustiner-Kellnerinnen suchte. Gab es einmal wieder nur bucklige Kellnerinnen oder erotisch indiskutable Maßkrug-Rösser mit jahrzehntelanger Erfahrung, so litten Hauzenböcks Bedürfnisse. Auf ein Mädchen außerhalb des Augustiners einen Blick zu werfen, wäre dem Hauzenböck Günther nicht in den Sinn gekommen. Das ging so ein paar Jahre. Da wurde der Hauzenböck Günther von seiner Firma in die Filiale nach Köln versetzt. Meinen Freunden und mir – eine der Schaffkopfrunden, bei denen er regelmäßig mitspielte – kam das kalte Grausen an. Der Hauzenböck Günther in Köln! Aber der Hauzenböck trug es mit erstaunlicher Heiterkeit. »Macht nichts«, sagte er. »Ich hab' mich erkundigt: in Köln spielt man Skat. Ich bin schon im Training.« Tatsächlich hatte er sich in München eine Skatrunde gesucht und intensiv – selbstverständlich ohne seine Schaffkopfpraxis im Augustiner aufzugeben – Skat gespielt, so daß er am Tag seiner Versetzung nach Köln gerüstet in das dortige Kartenspielgeschehen einrasten konnte.

Aber es war doch nicht ganz das Wahre. Der Augustiner fehlte ihm. Als der Hauzenböck Günther – nachdem er am 1. Februar versetzt worden war – zu Ostern das erste Mal nach München zurückkam, ging das einer glaubwürdigen Schilderung nach so vor sich: um sechs Uhr schloß das Kaufhaus in Köln. Fünf Minuten danach saß der Hauzenböck, wie auch schon in München immer, in dem nächsten Lokal und hatte die Spielkarten in der Hand. Um Mitternacht verlagerte sich die Skatrunde in die Kölner Bahnhofsgaststätte. Um zwei Uhr ging der Zug. Am Bahnsteig wurde die letzte Runde gegeben. Erst der abfahrende Zug unterbrach das Spiel. Um zehn Uhr fünfzehn kam der Zug in München an. Um zehn Uhr dreiundzwanzig saß der Hauzenböck Günther etwas außer Atem im Augustiner. Um zehn Uhr vierundzwanzig spielte er das erste Eichel-Solo, das er – wir gönnten es ihm gern – mit Viere gewann.

Er hatte eine Woche Urlaub. Er verbrachte die Woche ausschließlich im Augustiner, solange der offen hatte. Während des Gebens erzählte er in Stichworten von seinem Leben in Köln, das heißt vom Skatspielen. Er gab sich heiter, aber es war nicht zu verkennen, daß ihm das fehlende Schaffkopfen und der mangelnde Augustiner langsam die Lebenswurzeln unterspülten. Es nahm auch ein böses Ende. Er verließ nach einem Jahr, von zehrender Sehnsucht gezerrt, vertragsbrüchig das Kaufhaus in Köln. Zwar kehrte er in den Augustiner zurück, konnte aber als Vertragsbrüchiger beruflich in München nicht mehr Fuß fassen. An einem Silvesterabend schnitt er sich im Herrenabort im Augustiner die Pulsadern auf. Er starb nicht, überschwemmte aber den ganzen Abort mit Blut, worauf er Lokalverbot erhielt. Seitdem haben wir ihn nie mehr gesehen. Ich halte es nicht für ausgeschlossen, daß ihm das Lokalverbot für den Augustiner den Lebensfaden abgedreht hatte.

Der Gipfel in Hauzenböck Günthers Leben war ein Herz-Solo-Du, den er am 27. August 1958 abends um zehn Uhr vierundzwanzig gespielt hatte. Herz-Solo-Du heißt, daß der Hauzenböck alle Ober und alle Unter, also die acht höchsten Karten bekommen hatte: das absolut unschlagbare Blatt, die Blaue Blume des Schaffkopfens, von der man sonst nur träumt. Das Blatt wurde auf einen Karton aufgeklebt, mit der entsprechenden Inschrift versehen, gerahmt und verglast und hing auch nach Hauzenböcks Hingang – wenn man so sagen kann – im Augustiner an der Wand, bis ein herzloser Geschäftsführer es entfernte.

Hätte der Hauzenböck Günther die Energie und die unzweifelhafte Intelligenz oder zumindest Raffinesse, die er beim Schaffkopfen einsetzte, zum Beispiel für Börsenspekulationen verwandt, er wäre Millionär geworden. Nun gut: beim Schaffkopf war er glücklich.

*9. Das Fingerhakeln
oder
Die rohe Gewalt*

Das Fingerhakeln ist eine Art Tauziehen ohne Tau. Zwei Burschen sitzen sich an einem Tisch gegenüber. Sie »hakeln« die Mittelfinger ihrer rechten Hände ineinander (d.h. in der Regel ihrer rechten Hände, es gibt auch linke Hakler, die, wie die Linkshänder in anderen Sportarten, gefürchtet sind), dürfen sich mit der anderen Hand am Tischrand festhalten, und dann wird gezogen. Es gibt nun die Möglichkeit, daß der Tisch zerquetscht, daß ein Finger oder – falls dieser fester angewachsen sein sollte – ein Arm ausgerissen wird. Leistenbruch, Blähhals und Kropfbildung werden durch das Fingerhakeln gefördert.

Außerdem aber macht es großen Durst. Das will allerdings nichts besagen, denn in Bayern macht alles Durst: die Hitze sowieso, aber auch die Kälte (die nicht Bier-, sondern Schnapsdurst erzeugt); der Regen durch das anheimelnde Plätschern, der Schlaf, die Schlaflosigkeit, jede Form von Arbeit macht Durst, noch mehr aber Untätigkeit; Denken ist hervorragend, Beten gilt sogar als enorm durstfördernd, Hunger macht Durst, Essen macht Durst, und vor allem macht das Trinken Durst.

Der Sport – ich rede jetzt vom Sport im allgemeinen, nicht von den bayrischen Disziplinen – ist ein Vergnügen, das heißt: er sollte ein Vergnügen sein. Die Sportler genieren sich aber, das zuzugeben; sie suchen einen »ernsthaften« Grund für den Sport. Dabei verfallen sie meist auf die absurde Ausrede, der Sport sei gesund. Man braucht gar nicht mehr darüber zu reden: selbstverständlich ist Sport hochgradig ungesund. Durch sportliche Betätigung werden jährlich mehr Krüppel hervorgebracht als durch Kriege. Aber die Sportler halten hartnäckig daran fest, daß Sport gesund sei, und das Kriterium für die »Gesundheit« ist pigmentreicher Gesichtsausdruck. Kommt einer recht schön braun gebrannt aus »Moritz« nach Hause, so nimmt er auch eine Querschnittlähmung in Kauf.

Nun gibt es aber Sportarten, die mit keiner wie immer gearteten Begründung als gesund verschrien werden können, bei denen man nicht einmal braun werden kann: Sandbahnrennen, Boxen, Eisschnellauf, Gewichtheben, das mexikanische Keulentennis usw. Bei diesen Sportarten spricht man dann davon, sie dienten der Völkerverständigung. Das ist schön, edel und nicht nachprüfbar. Wenn ein fettherziger Muskelmann mit dem Intelligenzquotienten 3,8 (= der eines minderbegabten Schimpansen im ersten Lebensmonat) ächzend und schwitzend soundsoviel Kilogramm in die Höhe stemmt, oder zwei von diesen 3,8-Quotienten einander die Nasen lädieren, dann werden sich auch, sagen wir einmal, Peruaner und Kongolesen verzückt in die Arme sinken, oder sinken sie etwa nicht? Sie müssen – theoretisch – sinken, denn der Sport dient der Völkerverständigung. Dient er etwa nicht? Doch dient er; sagen die Sportler.

Was für den Weltsport die Völkerverständigung, ist

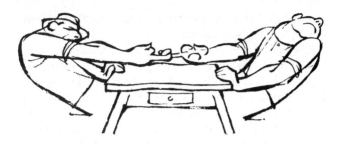

für den bayrischen Sport der Durst. Die Bayern sind dabei im Vorteil, denn der bayrische Sport macht wirklich Durst, und das ist sofort nachprüfbar: man braucht nur die ausgeschenkten Maßen zu zählen. Der bayrische Sport ist darüber hinaus auch gesund, denn was Durst macht, gilt als gesund. Da das bayrische Volk ständig Durst hat, ist es – ein messerscharfer Schluß – ständig gesund. Selbst wenn einem beim Fingerhakeln der Arm ausgerissen wird: durch das so entstandene Loch rinnt zwar womöglich Blut, nicht aber das genossene Bier heraus.

Der Regel entsprechend soll das Fingerhakeln damit enden, daß der eine der Kontrahenten den andern über den Tisch zu sich herüberzieht. Es ist aber nicht zu leugnen, daß es schon seit geraumer Zeit entartet, verweltlicht und kommerzialisiert ist. Das Fingerhakeln ist durch Fingerhakel-Clubs, Fingerhakel-Wettkämpfe, Meistertitel und Schauveranstaltungen in die verdächtige Nähe des gemeinen Sports gerückt. Es gibt bereits Trainer und Funktionäre, und damit ist es mit der Gaudi aus, es bleiben höchstens Gesundheit und Völkerverständigung.

Dennoch darf bei der Aufzählung und Beschreibung der bayrischen Sportarten das Fingerhakeln als anschaulichstes Beispiel für die bayrische Kraftfreudigkeit nicht fehlen. Beim Fingerhakeln geht es kaum um Geschicklichkeit, es geht um reine, nackte Kraft. Es ist eine – buchstäblich – gerade, direkte – und wie gesagt: durstfördernde – Anstrengung, muß nicht in frischer Luft ausgeübt werden, gehört (oder gehörte) vornehmlich ins Gasthaus.

Fingerhakeln ist nicht die einzige Kraftsportart der Bayern. Es gibt noch schlichtere Arten. In der Residenz zu München wird ein zentnerschwerer Stein aufbewahrt, den der Herzog Christoph von Bayern (1449–1493) hundert Fuß weit geworfen haben soll. Interessant ist, daß man den Stein mit zwei schweren Eisenbügeln gesichert hat; es könnte ihn sonst wohl einer unter der Jacke heimlich hinaustragen. Die Fortsetzung dieses traditionsreichen Tuns ist das alljährliche Steinstemmen im Löwenbräu, das in Erinnerung an den bayrischen Herkules, den Steyrer Hans, abgehalten wird.

Die bayrischen Kraftsportarten sind, und das macht sie wertvoll, auch in der Volkswirtschaft verwurzelt. Urbayrische Typen sind der Bierführer, der die schweren Fässer stemmt wie nichts, der Holzknecht, der die Stämme hin und her schupft, der bärenstarke Fuhrknecht und zum Schluß die Krone der bayrischen Berufe: der Hausknecht, der mit Macht und Leichtigkeit selbst die schwersten Zecher wie nasse Lumpen zur Tür hinauswirft, so weit wie weiland Herzog Christoph seinen Stein. Ein Hausknecht von herkulischer Stärke ist in Bayern ein hochangesehener Mann, das heißt: er war es, denn auch der Hausknecht (nicht zu verwechseln mit dem profanen Hausmeister!) ist im Aussterben. Es war bei gewissen Hausknechten oder Hausln förmlich eine Ehre, von ihnen mit Gewalt an die frische Luft befördert zu werden. Der alte Miltacher zu Schliersee, der 1970 mit siebenundneunzig gestorben ist, hat noch im hohen Alter mit Stolz erzählt, daß ihn der legendäre Vilgertshofer Lorenz, langjähriger Hausl der Herzoglichen Bräustube in Tegernsee, einmal »beim Arsch und beim G'nack packt« und aus der Bräustube hinaus – fast in den See geworfen hat. Allerdings, fügte der Miltacher hinzu, die Ehre, die sein Bruder, der Miltacher Hartl von Hausham, gehabt habe, nämlich einen voll ausgewachsenen, haarscharf plazierten Fußtritt vom großen Vilgertshofer Lenz zu erhalten, die Ehre habe er leider nie erfahren. Der Hartl flog damals quer über die Straße, durch die Sperre hindurch, am verblüfften Fahrdienstleiter vorbei, direkt in einen bereits abgefertigten Personenzug der Tegernseer Bahn, der unverzüglich abfuhr. Der durch den Tritt und den enormen Flug betäubte Hartl erholte sich erst weit hinter Holzkirchen langsam und wurde vom Schaffner, da er ja verständlicherweise keine Fahrkarte vorzeigen konnte, in Deisenhofen aus dem Zug entfernt. Der immer noch benommene Miltacher Hartl konnte sich nicht recht erklären, wie er nach Deisenhofen gekommen war, da er doch eben noch im Bräustüberl in Tegernsee einen Disput mit dem Hausknecht gehabt hatte. Er glaubte zunächst an Sinnestäuschung, dann begab er sich in Deisenhofen in die Bahnhofswirtschaft, wo bald über der Diskussion dieses Ereignisses eine Rauferei ausbrach. Der Miltacher Hartl – allein gegen ein Dutzend feindliche Deisenhofner – verteidigte sich, indem er die Standuhr des Gasthauses am Kopf eines Kontrahenten zertrümmerte, mußte fliehen, wurde verfolgt, verbarg sich – Beten vortäuschend – in einer vorüberziehenden Prozession, die nach Dietramszell wallfahrtete. Dort ereilte ihn der Gestellungsbefehl für den Ersten Weltkrieg. Er kam an die Ostfront und dann in russische Gefangenschaft nach Sibirien, floh von dort, wollte über China nach Hause, geriet in die Wirren der chinesischen Revolution, brachte es zum General der republikanischen Armee, später zum Provinzgouverneur von Sing-Kiang, führte später eine Division im aussichtslosen Kampf gegen Mao, mußte wieder fliehen und kehrte 1951 über Formosa, Japan und Amerika nach Tegernsee zurück, stieg aus dem Zug aus und ging ins Bräustüberl, wo der inzwischen auch altgewordene Hausl ihn mit einem kurzen Blick musterte und sagte: »Nix für ungut.«

10. Kulinarische Sportarten als da sind: Knödelessen, Schmalzlerschnupfen, Maßkrugstemmen

Die Krönung der geselligen Sportarten sind ohne jeden Zweifel die kulinarischen. Das kommt wohl daher, daß biologisches Gleichgewicht herrscht, wenn sie ausgeübt werden. Beim Kegeln, ja selbst beim Kartenspielen – von den Frischluftdisziplinen gar nicht zu reden – wird durch Anstrengung und Aufregung Kraft vom Körper abgezogen. Beim Maßkrugstemmen, beim Knödelwettessen führt jede Anstrengung durch sich selber die aufgewendete Kraft unverzüglich dem Körper wieder zu. Es geht nichts verloren. Dem Bayern als grundkonservativem Menschen, der der Arbeit zutiefst abhold ist, ist es immer darum zu tun, daß nichts verkommt. Dem aus Geschäftigkeit rotierenden Preußen, dem die Arbeit einzige Lebensbestätigung ist, macht es nichts aus, daß einmal etwas verlorengeht. Er schafft es sich neu, womöglich besser als vorher. Der Bayer, der – wie wir oben schon einmal gesagt haben – nicht eigentlich faul ist, aber die Arbeit als Ausnahme ansieht, der Bayer ist darauf angewiesen, sich das zu erhalten, was er sich einmal erarbeitet hat.

Voraussetzung für das biologische Gleichgewicht bei den kulinarischen Sportarten ist dazu noch, daß es schmeckt. Theoretisch könnten auch Preußen ein – sagen wir: Butter-Bemmen-Wett-Essen veranstalten.

Es ist nicht daran zu zweifeln, daß die tüchtigen Preußen in Rekordzeit waggonweise Butter-Bemmen oder Salzheringe in Sahne oder Nudeln mit Marmelade oder sonst ein Preußen-Gericht verdrücken. Bei ihnen bliebe aber das biologische Gleichgewicht aus, weil ihnen das Butter-Bemmen-Essen im Sportfalle als eine reine Anstrengung nicht schmeckte. Ob der Preuße Kugel stößt oder einen Salzhering ißt, ist dasselbe. Es zieht Kraft ab. Das Geheimnis ist natürlich, daß die Preußen überhaupt nicht gern essen, und das kommt daher, daß sie nicht gern leben; was aber wiederum verständlich ist, denn wer lebt schon gern als Preiß.

Wenn ein Preiß daher einem Knödelwettessen in Tittmoning, einer Weißwurstolympiade in Peißenberg oder einer Leberkäskonkurrenz in Krün zuschaut, wenn er da sieht, wie die Matadore 80 kindskopfgroße Semmelknödel, 140 Weißwürste oder 10 Pfund Leberkäs verdrücken, so wendet er sich nur scheinbar mit Grausen. In Wirklichkeit neidet er ihnen, daß es ihnen schmeckt, wenn er an seine Magenfüllung mit Griebenwurst und süßen Bohnen denkt.

Der bayrische Sporthistoriker Leo Zwirnsteiner hat ein Büchlein herausgegeben, das in anschaulicher Form die Entwicklung aller Rekorde in Bayern schildert. Es hat den anspruchslosen Titel ›Sportliches Bayern‹ und ist im Kintisch-Verlag in Rosenheim erschienen. Ihm entnehme ich die folgenden Angaben:

Das erste urkundlich belegte Knödelwettessen fand 1742 anläßlich der Kaiserwahl Karls VII. Albrecht, des letzten Wittelsbachers auf dem Römischen Kaiserthron, in Pfaffenhofen an der Ilm statt. Der kurfürstliche Regiments-Prosektor Kajetan Rabensteiner stellte einen Totenschein für einen gewissen Kronwieser Aloysius aus, in dem es heißt: »Kronwieser Aloysius, Gschwendterbauernsohn allhier, im 27. Jahr seynes Alters, Sohn des Kronwieser Antoni und dessen Ehegemahlin Anna, gebürtige Lambrecht von Polykarpszell, verstarb am heurigen MDCCXLII. Jahr am Tage Pauli Bekehrung, nachdem er 46 Knödel gegessen, welche Menge biß anitzo in gantz Baiern unerhöret ist.«

Dieser Rekord, der freilich nicht als sportoffiziell im heutigen Sinn gilt, wurde erst im Jahr 1825 eingestellt, als der »ledige Taglöhner Ignatz Moosrainer, römisch-katholisch, 42 Jahre alt, ein Leumund konnte nicht eingeholt werden« vom kgl. Amtsgericht Tegernsee zu einer Gefängnisstrafe von 2 Monaten verurteilt wurde, weil er in der ›Post‹ in Weißach 46 – also soviel wie damals der Kronwieser Aloys – Knödel auf betrügerische Art und Weise gegessen hatte, nämlich nachdem er dem Wirt durch geschickte Großmäuligkeit seine Zahlungsfähigkeit vorgespielt. In Wirklichkeit hatte der Taglöhner Moosrainer keinen roten Heller bei sich.

Die erste offizielle Knödelkonkurrenz fand dann 1906 in München statt. Im »Zacherlgarten« (einer Alt-Auer, heute unterm Beton einer Straßenbegradigung verschwundenen Bierwirtschaft) am Mariahilf-Platz aß unter lebhafter Beteiligung des Publikums und unter den Augen von vier streng neutralen, vereidigten Schiedsrichtern der Fuhrmann Karl Heilmannseder 62 und einen halben Knödel. Zweiter wurde der kgl. Gerichtsschreiber Ludwig Vierthaler, der es auf 59, dritter der Taschnergeselle Maximilian Loibl, der es auf 57 Knödel brachte. Maximilian Loibl war es dann, der durch eisernes Training seine Kondition so weit erhöhen konnte, daß er zwei Jahre später, 1908, im Gau-Knödelessen in Ismaning 71 und 1914 beim letzten Wettessen, bevor der große Hunger kam, sogar 73 Knödel verdrückte. Loibl hatte damals einen Leibesumfang von nahezu 2 Metern. Er konnte nur noch im Sitzen schlafen, weil er sich im Liegen selber erdrückt hätte.

Wie so viele Sportgrößen geriet auch der Loibl Max, nachdem seine Zeit vorbei war, in Vergessenheit. Er starb verkümmert und hochbetagt 1965 im Altersheim St. Joseph in München, wog nur noch 110 Kilo, hielt allerdings bis kurz vor seinem Tod die Altersheim-Hausbestleistung mit 12 Schüsseln Birchermüsli pro Mahlzeit. Erst nach seinem Tod erinnerte man sich an den Knödel-Matador, und seit 1967 wird alljährlich das von den Pfanni-Werken gestiftete Maximilian-Loibl-Gedächtnisessen abgehalten. Wieweit bei aller Überpreußung Münchens das Sportessen noch Domäne der angestammten Bevölkerung geblieben ist, zeigen dem Kundigen die Namen der Jahressieger:

1967 Benno Hauzenberger (82 Knödel);
1968 Luitpold Zangl (84 Knödel);
1969 Benedikt Pieger (85 Knödel);
1970 Alois Graf von Haidhausen (92 Knödel);
1971 wiederum Luitpold Zangl (101 Knödel).

Luitpold Zangl, ein damals 29jähriger Athlet, war kein einseitiger Sportler. Neben seinen Triumphen im Knödelessen hatte er den Titel des Landesmeisters in der Sparte Leberkäs (16 Pfund in 2:21,4 Stunden mit

44 remischen Weckerl) und den eines Vizemeisters im Weißwurst-Marathon. Dieser Wettstreit erstreckt sich über einen ganzen Tag. Zangl brachte es im Lauf des Tages auf 844 Weißwürste. Er trainierte dann mit großer Härte unter Anleitung des ehemaligen Rindfleisch-Weltmeisters Ludwig Salvermoser und erreichte im Olympia-Jahr 1972 die Traumgrenze von 1000 Weißwürsten. Sein Rekord von 101 Knödeln ist bis heute unerreicht. Jener in Fachkreisen hochgerühmte Rechtsanwalt Herman Lux brachte es als Jahressieger von 1982 »nur« auf 93. Der Sieger von 1983 war übrigens der »Südbremse«-Schlosser Thomas Slobodic mit 89 Knödeln, die er allerdings mit Tomatenketchup garnieren ließ, was zu heftigen Kontroversen führte, da das konservative Lager der Sportler die Leistung nicht gelten lassen wollte. Da griff der großartig liberale Herman Lux ein, der sagte – und sein Wort gilt unter Knödelessern –, daß man diese Dinge nicht zu eng sehen dürfe. So zum Beispiel, sagt Lux, sei er für seine Person der Überzeugung, daß, wenn die alten Bayern das Mango-Chutney schon gekannt hätten, sie die Weißwürste nicht mit dem widerwärtigen süßen Senf mißhandeln würden.

Eine spezielle bayrische Sportdisziplin ist das Schmalzlerschnupfen.

Schmalzler ist – grob gesprochen – Schnupftabak, aus feingeriebenen Tabakblättern hergestellt und ursprünglich (daher der Name) mit Schweineschmalz versetzt. Zwei Firmen, eine in Landshut, eine in Regensburg, stellen Schmalzler her. Die Herstellung wurde natürlich verfeinert, die Fette, die anstelle des Schweineschmalzes getreten sind, werden als Betriebsgeheimnis gehütet; außerdem gibt es Aroma- und neuerdings auch Mentholzusätze (die allerdings der echte Schmalzlerschnupfer verschmäht). Die Schmalzlersorten heißen: »Brasil«, »Doppelaroma«, »Fresko F«,

»Fresko FF« und »Schmalzler A mit Brasilaroma« usw.

Beim Schmalzler-Wettkampf geht es darum, in einer Minute möglichst viel Tabak zu schnupfen, wobei es auch eine Bewertung für Sauberkeit gibt. Es wird in Einzel- und Mannschaftswertungen gekämpft, und das Ganze geht so vor sich, daß der Wettschnupfer ein weißes »Paverl« enthält (einen Umhang aus Stoff oder Papier, der auch noch den Tisch vor dem Kämpfer bedeckt), 5 Gramm Schnupftabak von dem Schiedsgericht eingewogen bekommt und dann konzentriert auf das Kommando »Dosen auf!« wartet. Nach diesem

und einem entsprechenden weiteren Kommando darf er zu schnupfen anfangen. Pro 0,1 g geschnupften Schmalzlers erhält der Wettkämpfer einen Punkt (also 50 mögliche Punkte), dazu bis zu 20 Punkte für Sauberkeit – bewertet nach Augenschein durch den Schiedsrichter –, d. h. das Gesicht soll nicht verschmiert, kein Tabak verschüttet sein. Disqualifiziert wird 1., wer Schnupftabakbrösel außerhalb des Paverls verliert, 2., wer vom Paverl schnupft, und 3., wer niest. Die letzte Wettbewerbsbestimmung hat noch nie Bedeutung erlangt, denn ein Wettschmalzler würde selbst auf Rein-Pfeffer nicht einmal mit einem Tränen der Augen reagieren.

Wer 48 Punkte für die geschnupfte Menge und 18–19 Punkte für Sauberkeit erzielt, ist ein Schmalzlermatador, wie z.B. der Öfele-Wirt von Schrobenhausen, der mehrmals Deutscher Meister war.

Selbstverständlich gibt es auch Biertrink-Wettbewerbe. Das aber sind Entartungen. Was beim Leberkäs, bei den Knödeln und beim Schmalzler noch recht ist, ist beim Bier nicht mehr billig. Natürlich wird auch Bier in *großen Mengen* getrunken, aber der echte Bayer trägt diesen Wettstreit allein mit sich selber aus. Schon das Wett-Rosenkranzbeten (Jahressiegerin 1971 in Altötting mit 14,6 schmerzhaften und 29,1 glorreichen Rosenkränzen in der Stunde war die verwitwete Aushäuslerin Kreszenzia Zachskorn aus Fricklhofen knapp vor der Schwester Januaria Bocksleitner, Pförtnerin des Salesianerinnenklosters in Mauerberg) hat für den frommen Bayern einen Stich ins Fragwürdige. Ein Bier zu trinken, um die Sportlust zu stillen, erscheint als eine Sünde wider den Geist, den bayrischen Geist natürlich.

Man sagt sehr häufig, Bier sei für den Bayern kein Getränk, sondern ein Nahrungsmittel. Man beruft sich dabei auf die gängigen Einlassungen bayrischer Verkehrssünder, die vor Gericht bekunden: »Naa – naa, Alkohol hab i koan trunga, bevor i Auto g'fahrn bin. Was moanan S' Herr Richter? Bier? Bier hab i scho trunga, aber koan Alkohol net.« Bier ist kein Getränk, Bier ist auch kein Nahrungsmittel: Bier ist der kosmische Lebenssaft, in dem das bayrische Wesen schwimmt.

Um so unwahrscheinlicher klingt es, daß früher, im Mittelalter, und noch bis herauf ins 16., 17. Jahrhundert, München als eine Weinstadt berühmt war. Die zentrale Straße, die vom Marienplatz nach Norden zum Schwabinger Tor führte (das es schon längst nicht mehr gibt), eine der ersten Straßen Münchens, die einen Namen erhielt, heißt nicht Bier-, sie heißt heute noch Weinstraße. Eine Bierstraße gibt es in München nicht, ganz einfach deshalb, weil man, würde eine spezielle Straße Bierstraße genannt, allen anderen Straßen Unrecht zufügte.*

Entweder wandelte sich der Weingeschmack der Münchner oder es änderte sich der Wein. Im 18. Jahrhundert sagte der kurbayrische Staatskanzler und Konferenzminister Aloysius Xaverius Wiguläus Reichsfreiherr von Kreittmayr mit Bezug auf den bayrischen Wein: »Oh du glückseliges Bayern! Der Essig, der anderwärts mit viel Mühe gewonnen werden muß, wächst bei dir bereits auf dem Rebstocke.« Knapp einhundert Jahre später dann stand Bayern im Bierkonsum obenan. 1895 betrug der Verbrauch pro Kopf der Bevölkerung in München 566 Maß (in Moskau 28), es folgte Ingolstadt mit 521 Maß. Hut ab vor den Ingolstädtern! In absolute Zahlen umgerechnet ergibt das eine stolze Summe. Ingolstadt hatte damals einschließlich der Garnison (2½ Bataillone des kgl. bayr. Infanterieregiments Nr. 10, »Prinz Ludwig«, des Infanterieregiments Nr. 13, »Kaiser Franz Joseph von Österreich«, eines Trainbataillons Nr. 1, eines Bataillons des 1. Fußartillerie-Regiments »Graf Bothmer« und eines Pionierbataillons), einschließlich der 2498 Protestanten und 80 Juden eine Einwohnerzahl von 17 646 Seelen. Das ergibt einen Bierkonsum von 9 193 566 Litern pro Jahr. Wie gewaltig das ist, kann man ermessen, wenn man weiß, daß die damalige 2½-Millionen-Stadt Paris nur knapp das Dreifache, nämlich 27 Millionen Liter Bier im Jahr hinunterspülte.

* Die Bierbaumstraße in Pasing bezieht sich lediglich auf den Dichter Otto Julius Bierbaum und hat mit dem Bier nichts zu tun.

Seit 1945 haben sich die Bierkonsumgewohnheiten in Bayern merklich geändert. Vor dem Krieg trank man hier fast ausschließlich dunkles Bier, das helle machte einen verschwindend geringen Prozentsatz aus. Heute ist es umgekehrt, und die Tendenz ist so, daß eines Tages das eigentlich angestammt bayrische, das würzigere, vollmundige (aber wohlgemerkt: nicht süße!) dunkle Bier vollends verschwunden sein wird. Es gibt heute kaum noch Gaststätten in München, die dunkles Bier vom Faß ausschenken. Meistens heißt es: »Helles vom Faß, ja, Dunkles leider nur in Flaschen.« Vor diese Wahl gestellt, greift man dann doch meist zum Hellen, und so lohnt es für die Wirte immer weniger, ein ganzes Faß Dunkles anzuzapfen, weil sie sehen, daß immer mehr Helles getrunken wird.

Lange Jahre war die Klostergaststätte in Reutberg der einzige Ort, an dem Dunkles vom Faß ausgeschenkt wurde. In letzter Zeit sind wieder einige verstreute Wirtschaften dazugekommen, aber das ist – vorerst noch – mehr unter dem Gesichtspunkt der Nostalgie zu sehen. Auch hat der Einbruch des Weißbiers und des »Pils« eine Wende in den Bierkonsumgewohnheiten gebracht. Ein weites Feld, das, wie nicht anders zu erwarten, im Fließen begriffen ist.

Der Bayer führt diese Tendenz natürlich auf den Einfluß der Preußen zurück. Zwar ist nicht zu leugnen, daß man in Preußen auch Getränke kennt, die unter der Bezeichnung »Bier« kursieren. Ja, es ist nicht einmal zu bestreiten, daß diese norddeutschen obergärigen Gerstenverschnitte eine ziemlich alte Tradition haben. Aber erstens unterliegen diese Biere nicht dem Herzoglichen Reinheitsgebot von 1516 (das ist das älteste uns bekannte Lebensmittelgesetz; es besagt, daß bayrisches Bier nur aus Gerste, Hopfen und Wasser ohne jeden weiteren Zusatz bestehen darf), und zweitens wird dieses sogenannte Bier da aus so verächtlichen Gemäßen wie Drittel- oder Viertelliter-Tulpen getrunken. Aus solchen Gläsern trinkt der Münchner Schnaps. Als auch in Bayern die »Europa-Maß« (statt einem ganzen Liter nur 0,8) eingeführt wurde, tranken sich quer durch die Fraktionen im Bierstüberl des Landtages schwarze und rote Abgeordnete tränenfeuchten Auges aus den alten Maßkrügen zu. Es half nichts. Die Wirte sind dem altbayrischen Gemäß in den Rücken gefallen, denn sie verkauften von da ab 0,8 Liter für den Preis einer Maß. Zum Bier gehört die Fülle. Bier ist ein – im Wort- und übertragenen Sinn – überschäumendes Getränk, Bier ist eine pralle, barocke Angelegenheit, die sich nicht in preziösen Gläsern abtun läßt. Bier ist ein Gesamterlebnis. Der Bayer, um es hier noch einmal zu sagen, hat eine große Neigung zum Totalen, zur Fülle, zum Barock. Wie das bayrische Wesen zwar nicht den barocken Baustil erfunden, aber in diesem Stil eine dem bayrischen Wesen unglaublich angemessene Ausdrucksweise gefunden hat (was dazu führte, daß in einem Zeitraum von nicht mehr als 150 Jahren eine schier unübersehbare Zahl von barocken Bauwerken, hauptsächlich Kirchen, erstellt wurde, ohne Not, nur so, aus Freude am Baustil), so hat der Bayer im Bier einen adäquaten Kanal für seine barocke Lebensfreude bekommen.

Der Preuße hält das dunkle Bier für Süßbier. Selbstverständlich würde auch ein Bayer süßes Bier ablehnen, aber der Preuße hat überhaupt nie versucht, ein dunkles Bier zu trinken. Na ja, wer weiß, wofür's gut ist – sagt der Bayer. Verschwindet eben das dunkle Bier, ist so vieles hinuntergeschwemmt worden! Hat alles seine zwei Seiten! Vielleicht ist es eine Strafe Gottes, daß das bessere, dunkle Bier abkommt. Vielleicht will Gott verhindern, daß die Nachkommen der heutigen bayrischen Bevölkerung (Preußenbastarde?) in den Genuß altbairischen Wesens kommen. Gehalten haben sich neben dem Hellen lediglich das Weißbier (das anstatt aus Gerste aus Weizen gebraut wird) und die speziellen Stark- und Bockbiere, nämlich die Wiesenbiere und die Märzenbiere, von denen der Salvator der Paulanerbrauerei das berühmteste ist.

Wir haben eingangs bereits gesagt, daß zwar Knödelessen, Schmalzlerschnupfen und Rosenkranzbeten in Bayern sportiv betrieben werden können, nicht aber das Biertrinken. Das ist vielleicht dahingehend einzuschränken, daß das Biertrinken nicht *wettkampfmäßig* entweiht werden darf. Dagegen gilt das Maßkrugstemmen als beste Kräftigung der Armmuskulatur. Als ungesund wird angesehen, wenn man mehr Bier trinkt, als man unter Aufbietung aller Kräfte in sich hineinbringt. Die Frühjahrs-Starkbiere gelten, da sie bei manchen Leuten Durchfall hervorrufen, als blutreinigend. Mancher Arzt, der sich bei seinen Patienten einschmeicheln will, verschreibt sogar so eine Blutreinigungskur. Davon allerdings, daß die Krankenkassen solche Kuren ersetzt hätten, hat man noch nichts gehört. Aber wie fast überall seit dem Krieg, sitzen auch in den Krankenkassen die Preußen obenauf und verhindern die natürliche Gesundung des Restes der Reservat-Bayern, der noch in München lebt.

Die Kampfstätten beim Maßkrugstemmen sind einmal die zahlreichen Gastwirtschaften, vorzüglich aber die großen Bierkeller. Die Bierkeller sind allerdings keine Keller, sondern große Hallen, durchaus ebenerdig oder sogar mit mehreren Stockwerken. Der berühmte Salvatorkeller befindet sich sogar hoch über der Stadt am Nockherberg, d.i. das rechte Hochufer der Isar. Das ist auch so eine Sache mit der Freude des Bayern am Absurden und Paradoxen. Der Preuß freut sich, wenn alles stimmt, der Bayer freut sich über das Unbestimmte. Niemand hat dem besser Ausdruck gegeben als der unsterbliche Karl Valentin, oder vielmehr: nichts ist dafür besser Ausdruck als die Figur und Existenz des Karl Valentin. Einmal stieg er auf den Petersturm und fragte den Turmwächter: »Sie, sagn S' einmal, wo ist das Petersbergl?« »Da unten«, sagte der Turmwächter und zeigte zum Fuß des Turmes hinunter. Anschließend ging Valentin durchs »Tal«, die Straße, die vom Marienplatz zum Isartor führt. Dort beugte er sich zu einem Arbeiter hinunter, der in einem Kanalloch arbeitete. »Herr Nachbar, entschuldigen S'«, sagte Valentin, »wo ist denn das Tal?« »Da oben«, sagte der Kanalarbeiter. »So, so«, sagte Valentin zu sich, »so ist also in München der Berg unten und das Tal oben.« So eine Relativität der Dinge freut den Münchner. Die Bierkeller sind nicht nur keine Keller, sie haben in der Regel ausgedehnte Biergärten angeschlossen, die aber auch beileibe keine Gärten sind, sondern kiesbestreute Anlagen, in denen unter schattigen Bäumen Tische und Stühle stehen. In so einem Biergarten an einem warmen Sommerabend mit sich selber einen heiligen Wettstreit im Maßkrugstemmen auszutragen, gehört zu den befriedigendsten sportlichen Erlebnissen, die ein Münchner haben kann.

Da wir in diesem Kapitel unter anderem auf das Wett-Rosenkranzbeten u. dgl. zu sprechen gekommen sind, bietet sich hier an, einen kurzen Exkurs über die bayrische Religion einzuschieben. Es gibt die weitverbreitete Meinung, daß Bayern römisch-katholisch sei. Das stimmt nur bedingt. Bayern ist mehr. Der nun wirklich nicht im Geruch der Freigeisterei stehende Erzbischof von Münster, Kardinal Galen, sagte im Hinblick auf die eigenwillige Frömmigkeit des bayrischen Theologen Michael Schmauß: »Der ist nicht römisch-katholisch, der ist bayrisch-katholisch.« Wie immer das auch gemeint war: der Bayer trägt es mit Stolz. Etwas verbittert allerdings ist man darüber, daß es seit Damasus II. (und auch der hat 1048 nur drei Wochen regiert) keinen bayrischen Papst mehr gegeben hat.

Wie tief verwurzelt der Glaube im Bayernvolk ist, zeigt eine Episode aus den Wirren nach dem Ersten Weltkrieg. In einer turbulenten Versammlung der Spartakisten versuchte ein gemäßigter USPD-Abgeordneter die brodelnden Massen zur Vernunft zu überreden. Er wurde niedergeschrien. Die Massen forderten 1. den Marsch auf die Banken, 2. Freibier und 3. den Weltfrieden. Da sagte der USPD-Abgeordnete: »*In Gott's Nam'* – da machen wir halt eine Revolution.« Die Räterepublik nahm damit ihren Anfang.

Zusammenfassend kann man sagen: der Bayer hat ein ähnliches Verhältnis zur römisch-katholischen Religion wie jener gewisse Münchner zur englischen Sprache, der einmal gefragt wurde: »Do you speak English?« – »Ha?« – »Do you speak English?« – »Was moana S'?« – »Ob Sie englisch sprechen?« – »Ja, ja. – Freilich.«

D Die Transzendentalen Sportarten

Einleitung zu ihrem Verständnis

Zu Beginn dieses letzten, sehr heiklen Kapitels, dessen Gegenstand meines Wissens noch nie zusammenhängend dargestellt wurde, müssen wir uns die Frage vorlegen: was ist Sport?

Mit witzigen Definitionen wie »Sport ist die wichtigste Nebensache der Welt« oder »Sport ist diejenige unbezahlte Tätigkeit, mit der man am meisten Geld verdienen kann«, kommen wir nicht weiter. Wir müssen vom Material ausgehen. Nehmen wir also den

Materialkomplex Numero I:

Auf einer Wiese laufen ungeachtet der Witterungsverhältnisse dreiundzwanzig Männer einem Ball nach. Zwanzig davon sind zu je zehn in einheitliche Kleidung gehüllt, 2, höchstens 3 tragen eine (meist flache) Mütze. Handelt es sich um ein Sportgeschehen der obersten Rangklasse, rechnet man pro 2,3 Spieler 1000 Zuschauer. Das Sportgeschehen wird mit dem Massenmedium Fernsehen aufgezeichnet und übertragen. Ein Mann in karierten Pantoffeln sitzt vor dem Fernsehgerät auf dem Sofa, hält ein Glas Bier in der Hand, zittert, gerät in Schweißausbrüche und stößt Brunftgeräuschen nicht unähnliche Laute aus. Der Mann, der da zittert, ist ein Sportler.

Materialkomplex Numero II:

Zweihundert ölverschmierte Menschen schrauben nervös an einem Gefährt, das den Durchschnittsbürger nur noch kraft Gewöhnung an ein Auto erinnert.

Es ist sehr laut. Fahnen flattern, falsch ausgesteuerte Lautsprecher brüllen. Ein zweihundererster Mann vorn läßt sich vermummen und in das – meist in kräftiger Farbe gehaltene – Gefährt heben. Die restlichen zweihundert werden noch nervöser. Es wird noch eine Idee lauter. Der Zweihunderterste tupft leicht mit dem Fuß auf ein Pedal. Das Gefährt heult auf und zischt weg. Dieses leichte Aufs-Pedal-Tupfen, das ist Sport.

Materialkomplex Numero III:

Ein Mensch schreibt für eine Zeitung. Er hat eine kleine Schreibmaschine und ein Tonbandgerät. Er hat eine schiefe Schulter, weil er die Schreibmaschine in der linken Hand tragen muß und das Tonbandgerät über die linke Schulter hängen hat. (Mit der rechten Hand muß er sich ständig Platz schaffen.) Er ist bleich und finnig, weil er nie richtig zum Schlafen kommt. Er hat eine bejammernswürdige Verdauung, weil er nie regelmäßig ißt. Er eilt von Veranstaltung zu Veranstaltung und schreibt darüber in seiner Zeitung. Bei den Veranstaltungen schlagen sich entweder zwei schwitzende Fettsäcke inmitten schwitzender Leute in einem verrauchten Saal, oder eine Anzahl frierender Analphabeten fährt auf schmalen Kufen zwischen zahlreichen frierenden Zuschauern im Schnee einen Hang hinab, oder eine größere Menge finsterentschlossener Radfahrer radelt inmitten zahlreicher brüllender Fans im strömenden Regen durch Morast; die Radler frieren und schwitzen gleichzeitig. Dieser Zeitungsmann, der mit der Zeit durch das Frieren und Schwitzen teils aufgeschwemmt, teils eingedörrt wird, ist ein Sportsfreund.

Materialkomplex Numero IV:

Eine Stadt ist mit Fahnen und Nationalmannschaften

überschwemmt. In einem Stadion, das ein Übermaß von Fahnen aufweist, gruppieren sich nach streng nationalistischen Gesichtspunkten größere und kleinere Menschenhaufen. Bulletins, die nach Nationalitäten ausgerichtet sind, werden herausgegeben. In den Bulletins wird festgestellt, welche Nation, welche Rasse die bessere ist. Mindere Rassen zweifeln das an, prügeln sich mit den besseren Rassen. Ständig werden Nationalhymnen gesungen. Die Hymnen sind desto *nationaler,* je *sozialistischer* die Staaten sind. Eine Gruppe von fettleibigen, kurzatmigen Millionären hat den Zirkus (Notabene! auf Kosten anderer) veranstaltet. Diese Millionäre sind Sportsmänner.

Was können wir also für den Begriff ›Sport‹ aus den vier Materialkomplexen schließen?

Sport ist eine von Fahnen verbrämte, entweder schweißtreibende oder befriedende Tätigkeit, die darin bestehen kann, daß man leicht auf ein Pedal tupft oder mit einem Bier in der Hand Brunftschreie ausstößt, jedenfalls aber mit starkem Lärm und häufig mit dem Absingen von Nationalhymnen verbunden ist.

Es ist nicht zu leugnen, daß auch die bayrischen Sportarten, vom Eisstockschießen bis zum Maßkrugstemmen, zum Teil unter diese Definition: laut, feucht, nationalistisch fallen. Da die meisten bayrischen Sportarten aber noch nicht in den Sog der internationalen Sport-Manager geraten sind, sind sie, wie wir gesehen haben, fast immer etwas weniger laut, etwas weniger feucht und etwas weniger nationalistisch als die weltweiten Disziplinen. Dazu kommt noch der bayrische Hang zur Verinnerlichung und Transzendenz. Der Bayer ist darin dem Inder verwandt; auch des Bayern Ideal ist das Nirwana. Wer einmal an einem heißen Sommertag einen echten Münchner im Augustiner-Keller unter einem schattigen Baum hat sitzen sehen, seinen kühlen Maßkrug vor sich, und aus dem Auge des Münchners erkennt, daß er nichts, wirklich kunstvoll und ausdauernd nichts denkt, der weiß, was Entrückung ist. Ja, man muß sogar sagen, die Inder in Ehren, aber wozu ein Yogi jahrelanges, anstrengendes Training, Kopfstand und Meditation braucht, womöglich ein paar Reinkarnationen, um eins mit der Weltseele zu werden, dazu braucht der Münchner kraft seiner eingeborenen Begabung nur einen stillen Tag, eine frische Maß und seine Ruhe. So sind denn auch die beiden *transzendentalen* Sportarten, auf die alle obigen Definitionen nicht anwendbar sind, die bayrischsten aller Disziplinen, die sozusagen schlechthin-bayrischen oder bayrisch-immanenten Sportarten, man könnte auch (mit einem leicht politisch-zweideutigen Unterton) sagen

die kgl. bayrischen Sportarten:

11. Bartwachsenlassen

Man kann die Weltgeschichte als einen ständigen Wechsel zwischen Bart und Nicht-Bart betrachten. Jahrtausendelange Abschnitte der Geschichte werden durch einen Bart charakterisiert: der assyrische Zopfbart, der chinesische Knebelbart. Was sich allein in der abendländischen Geschichte seit 2000 Jahren an Gewoge von Gesichtsbehaarung abgespielt hat, ist atemberaubend. Die bärtigen Griechen räumte der bartlose Alexander ab, die bärtige römische Republik beseitigten die glattrasierten Herren Cäsar und Augustus. Das römische Kaiserreich blieb – mit der wenigen bedeutsamen Ausnahme (Marc Aurel) – im wesentlichen bartlos, bis es im Sturm der bärtigen Germanen zusammenbrach. Der Bart des fränkischen Karl hielt sich bis ins hohe Mittelalter, erst dann verschwand er langsam; bärtige Minnesänger, zum Beispiel, hat es schon nicht mehr gegeben. In der Renaissance beginnt der Bart mit den Landsknechten in Form des Schnauzbartes wieder zu sprießen, spaltete sich einerseits in abenteuerliche verspielte und manierierte Kinn- und Zwirbelbärte (Wallenstein!), überwucherte anderseits den Kontinent bis zur Vollbärtigkeit, um schlagartig im XVII. Jahrhundert vollständig abrasiert zu werden und anderer Haarigkeit, nämlich Perücke und Zopf, Platz zu machen. Allongeperücke mit gleichzeitigem Schnurrbart war höchstens bei kurbrandenburgischen Feldwebeln anzutreffen, Rokoko-Zopf und Vollbart gleichzeitig ist undenkbar. Die Un-Bärtigkeit hielt sich bis in die deutsche Romantik. Turnvater Jahns Vollbart schlug die erste Bresche, mit Urgewalt brach dann die deutsch-nationale Gesichtsmatratze durch, beherrschte ein halbes Jahrhundert das Feld und gipfelte – bereits degeneriert – im wilhelminischen »Es ist erreicht!«. Der Erste Weltkrieg machte dem Bart wieder ein Ende, und erst lang nach dem Zweiten Weltkrieg wagte sich hie und da ein Haar hervor, bis die weltweite Hippie- und Gammlerbewegung der 60er Jahre dem Bart zum erneuten Durchbruch verhalf.

Es ist hochinteressant, die Bildnisse der deutschen Reichs- und Bundeskanzler zu betrachten. Bismarcks Seehundschnauzer schwand zusehends über Caprivi und Hohenlohe bis zu Bernhard von Bülows Bankiersbürstchen; Bethmann-Hollweg und Graf Hertling, sogar Philipp Scheidemann, der erste Kanzler der Republik, trugen noch Kinnbärte, alle weiteren Kanzler der Weimarer Republik trugen (mit Ausnahme von Heinrich Brüning) wenigstens Schnurrbärte, wobei der prächtige, hängende, in geschweiften Spitzen auslaufende Bierwirtsbart des Zentrumskanzlers Konstantin Fehrenbach (25. 6. 1920 bis 4. 5. 1921) hervorsticht. An diesen Kanzlerschnurrbärten ist bemer-

kenswert, daß sie zu einer Zeit sproßten, als – wie gesagt – mit dem Ende des Ersten Weltkrieges die Bartlosigkeit Mode war. Politiker waren einerseits nicht mehr Vorbild, andererseits stammten sie, die jetzt die bartlose Zeit regierten, selber noch aus bärtigen Zeiten. Alle Reichskanzler bis einschließlich Hans Luther (1925/26) waren vor 1880 geboren, einige vor 1870 (Scheidemann, Wilhelm Marx, auch der sogar schon 1852 geborene Fehrenbach). Vielleicht lag darin auch ein Grund für das Scheitern der ersten deutschen Republik.

Von Franz von Papen an ging es dann merklich abwärts. Papen trug einen borstigen Nasenwärmer, sein Nachfolger Kurt von Schleicher auch so ein Bürstchen, und über das maikäfergroße Haargebilde unter Schickelgrubers Kleindämonennase braucht man ja kein Wort mehr zu verlieren. Dann war wieder einmal der Bart ab. Weder Adenauer noch Erhard trugen Bärte. Kiesinger (der erste in unserem Jahrhundert geborene Kanzler) enträt ebenso wie Willy Brandt, Helmut Schmidt und Helmut Kohl hären Gesichtsschmuckes. Ich vermute, daß wir erst um die Jahrtausendwende wieder einen bärtigen Kanzler bekommen. Die DDR allerdings hatte ihr bärtiges Staatsoberhaupt, wobei die wohl unlösbare Frage auftaucht: war Ulbricht noch so rückständig oder schon so fortschrittlich einen Bart zu tragen? Vielleicht war es ganz anders, und er imitierte nur Lenin.

Daß Bart oder Nicht-Bart in der Weltgeschichte eine so große Bedeutung erlangen konnten, rührt wohl daher, daß über allen Staats- und Regierungsformen ungebrochen das Prinzip des Patriarchats waltet. Das heißt: wer weiß, was da Ursache und was Wirkung ist. Möglicherweise scheitert die politische Emanzipation der Frau daran, daß es ihr im Auf und Ab des Bartes durch biologische Gegebenheiten verwehrt ist, Stellung zu beziehen.

Bayern hat seit eh und je, nein seit 1634, einen unantastbaren Hort des Bartes: Oberammergau.

Oberammergau ist ein Ort in den bayrischen Bergen. Die Oberammergauer haben 1634, während der Großen Pest, das Gelübde abgelegt, alle zehn Jahre ein Passionsspiel aufzuführen. Sie hielten tatsächlich durch; in jedem Jahr mit einer 0 hinten wurde das Passionsspiel aufgeführt, zuletzt 1980, wie man überall lesen konnte. Zunächst wurde das Spiel nur einmal gegeben – als Selbstzweck, denn das ganze Dorf spielte mit, die Rolle des Zuschauers konnte nicht besetzt werden. Aber es sprach sich herum, daß im ersten Teil – einer Retrospektive auf das Alte Testament – eine schmucke Oberammergauerin als Eva nackt auftrat. Bereits 1650 mußte das Spiel ein zweites Mal für Besucher aus Garmisch, Murnau und Saulgrub gegeben, 1660 eine dritte Vorstellung für die hochwürdigen Herren Patres aus Ettal und Rottenbuch eingeschoben werden, und so ging es weiter. Längst wird den ganzen Sommer jeden Samstag und Sonntag gespielt, dazu kamen wochentags Sondervorstellungen. Längst steht hier ein riesiges Passionsspieltheater, gibt es perfekten Service, kleben Plakate in aller Welt, der Kartenverkauf geht bis nach Amerika. Wie schon erwähnt, schoben die Oberammergauer (unter Patronanz der hl. Profitia) 1984 unter dem dubiosen Vorwand der 350-Jahrfeier des Gelübdes ein Zwischenfestspieljahr ein. Solche Anlässe werden sich leicht mehrere finden, und so naht die Zeit, in der sich die Oberammergauer vor lauter Festpielen die Bärte gar nicht mehr abzurasieren brauchen. Nur eine neue Pest, vermute ich, kann den Oberammergauern das weitere Gelübde abringen, das Passionsspielen wieder bleiben zu lassen.

Der Text des Oberammergauer Passionsspieles ist falscher Schiller, die Musik ist falscher Mozart, das Agieren ist falsches Laientheater – aber eins ist bei den Passionsspielen echt: die Bärte. Selbst zu bartlosesten und kürzestgeschorenen Zeiten haben die Oberammergauer in den Jahren mit 8 hinten angefangen aufzuhören sich zu rasieren und sich die Haare schneiden zu lassen. Sinnigerweise erhielt der Friseur von Oberammergau früher immer die Rolle des Judas; heute erhält er eine Entschädigung von der Gemeinde. (Nur der Darsteller des Johannes läuft, für alle so als Prominenter kenntlich, bartlos herum.) 1968 fiel die haarige Vorbereitungszeit der Passionsspiele in den Höhepunkt der Beatles-Hippie-Welle. Es gab da dann die eigenartigsten Geschichten. Zum Beispiel kam irgendein bärtiger, langhaariger linker Schächer oder Hohepriester nach München und setzte sich nichtsahnend in eine gutbürgerliche Wirtschaft. Sogleich wurde er beschimpft: »Schmeißt's 'n außi, den verlausten Gammler. Sollen besser arbeiten, die Langhaarigen. Der Adolf selig hätt' ihnen die Haar' scho abg'schnitten.« »Ah so – a Oberammergauer san Sie, ja, das ist was anderes ...« Lange Haare und lange Haare sind eben ein Unterschied.

Die Oberammergauer haben also von Berufung und

Geschäfts wegen die schönsten Bärte in ganz Bayern. Aber nicht nur die Oberammergauer haben Bärte. Das Bartwachsenlassen ist nämlich auch eine bayrische Sportdisziplin. Die Sennen und Hirten auf den einschichtigen Almen, die Jäger und Wilderer auf ihren einsamen Pirschgängen vertreiben sich häufig die Zeit mit Bartwachsenlassen. Ein einfacher, schlichter Sport: man sieht, mit wie anspruchslosen Mitteln sich die bayrische Zeit vertreiben läßt. Es muß sich um eine sehr scheue, außerordentlich empfindliche Zeit handeln, die sich schon verflüchtigt, wenn sich einer einen Bart wachsen läßt. Alljährlich im Herbst wird dann an vielen Orten ein Wettstreit um den schönsten Bart ausgetragen. Länge, Dichte, Farbe und Form der Bärte werden gemessen und verglichen. Ich habe einmal in Uffing am Staffelsee so eine Konkurrenz besucht. Der Sieger hatte einen Bart von solchem Ausmaß, daß praktisch sein ganzes Gesicht überwuchert war, die Augenbrauen direkt in den Bart übergingen. Als ihm die Festjungfrau den Siegerkuß applizieren wollte, ergab sich keine geeignete Stelle. Erst nach einigem Suchen fand sie die Nasenspitze. Trank der Mann eine Maß Bier, blieb immer ein Viertelliter Schaum im Bart hängen. Beim Schnapstrinken war es noch schwieriger. Als sich der Mann am Tage danach – der Bart hatte seine sportive Schuldigkeit getan – rasieren ließ, entdeckte der Friseur in dem abgenommenen Bart zwei vertrocknete Kalbsbratwürste, ein hartes Ei und vier Schnapsstamperln, die alle auf dem Weg zum Mund im Bart abhanden gekommen waren.

12. *Grantln*

Bei Föhn – vgl. das Einleitungskapitel – ist der Münchner schlecht gelaunt. Herrscht einmal ausnahmsweise kein Föhn, hat der Münchner einen Grant. Grant ist also quasi die föhnfreie Föhnstimmung des Münchners.* Es wäre falsch, den Münchner Grant mit »schlechter Laune« zu übersetzen. Grant ist die menschenfeindliche, selbsterkennungsträchtige Ur-Stimmung des bayrischen Wesens. Der echte Grant ist bei künstlerischen Menschen die Stunde des schöpferischen Ernstes. Der Grant reduziert sozusagen den Münchner auf seine seelische Grundsubstanz, auf sein Seelenskelett. Grant ist Schutz und Schirm gegen die eigenen Landsleute, gegen die Preußen, gegen das Wetter, gegen die Steuern, gegen sich selber. Unbeschadet des oben Gesagten kann Grant natürlich auch bei Föhn auftreten, trotz des Föhnes oder wegen des Föhnes.

Ein Preuße, der nach München kommt, kann vielleicht ein paar Brocken münchnerisch lernen, wenn er lang genug da ist, er kann die Pinakothek kennen und vielleicht sogar Löwenbräu vom Augustiner unterscheiden lernen. Den echten Grant wird er nicht erlangen. Das kommt daher, daß Preußen im Grunde fröhliche und humorvolle Menschen sind, die sich selber

---

* Zur Etymologie des Wortes Grant vgl. das Stichwort »Lädschn« in der ›Kleinen bairischen Wortkunde‹.

furchtbar gern mögen. Der Bayer kann sich selber fast noch weniger leiden als den Preiß. Das ist ein tiefes Geheimnis, und daß ich das hier ausplaudere, ist schon direkt ein Verrat. Aber ich schreibe jetzt schon so lang an diesem Buch, und so packt mich der Grant, und es ist mir alles gleich, und so sage ich's, daß endlich eine Ruh ist, Saubagasch beinand. –

Mehrfach wurde darauf hingewiesen, daß der Bayer einen Hang zum Absurden und Paradoxen hat. Karl Valentin – der Ausbund des echten münchnerischen, *grantigen* Humors – ist die Fleisch, vielmehr: Haut und Knochen gewordene Ausprägung dieses Hanges. Der Bayer fühlt sich nur wohl, wenn er sich ärgert. Ein richtiger Zorn, eine Zigarre und eine frische Halbe Bier sind der Himmel des Münchners. Es gibt Berufe, bei denen der Grant integrierendes Bestandteil ist, zum Beispiel Kellnerinnen und Trambahnschaffner. Eine freundliche Kellnerin, ein hilfsbereiter Schaffner sollten einen in München stutzig machen. Entweder ist das dann eine Preußin respektive ein Preiß, oder er (sie) ist dran, die Kasse zu unterschlagen.

Selbstverständlich ist auch das Berufsbild des Beamten, insonderheit des Finanzbeamten, des Polizisten, des Museumswärters, des Hausmeisters usf. vom Grant geprägt. Trifft etwa eine Kellnerin, die ihre Lohnsteuerkarte abholen muß, auf einen echten Münchner Finanzbeamten, oder nach Feierabend dieser Finanzbeamte beim Dämmerschoppen auf die grantige Kellnerin, kann es eine Ballung von Grant gegen Grant geben, die sich in herzerfrischenden Grobheiten entlädt. Das hat bereits sportlichen Charakter, wenngleich der eigentliche sportive Wert des Grantes im Kampf gegen sich selber liegt. Der Grant ist ein ständiges Karate gegen die eigene Seele, die sich vor diesem selbstzerstörerischen Bombardement endlich in einen unangreifbaren Felsen von Innenbrutali-

tät zurückziehen muß und dann als Verkörperung dessen dasteht, was das bayrische Wesen schlackenlos durchglüht kennzeichnet: die königlich bayrische Ruhe.

Ganz vorn in diesem Buch habe ich – der Leser wird es längst vergessen haben – gesagt, daß ich auf den armen, geschorenen, kastrierten Herzog Tassilo zurückkommen werde. 782 wurde Tassilo von Karl dem Großen abgesetzt und mußte sich ins Kloster Jumièges bei Rouen verfügen. Dort schimpfte und murrte und fluchte er. In die frommen Gesänge seiner Mitmönche, die etwa »Quemadmodum desiderat« sangen, mischte er einen gotteslästerlichen Fluch (der Ausdruck »Bluat-Sau« soll von Tassilo erfunden sein) oder ein parodistisch psalmodierendes: »Den Carolus Magnus soll doch der Teifi hol'n!«

Inzwischen ließ Carolus seine neue bayrische Provinz durch Statthalter, dann durch seine Söhne regieren und kam auf die unselige, bis heute fortwirkende Idee vom Rhein-Main-Donau-Kanal. Etwa ums Jahr 805, als die Bayern es satt hatten, von fränkischen Besserwissern regiert zu werden, und daß einer der schönsten Landstriche, nämlich das Altmühltal, durch einen klotzigen Kanal verschandelt wird, planten sie einen Aufstand. Heimlich reiste eine Abordnung bayrischer Edler als Weihrauchlieferanten verkleidet ins Kloster Jumièges, um Tassilo zu überreden, sich an die Spitze der Befreiungsaktion zu stellen. Aber es waren mehr als zwanzig Jahre vergangen. Tassilo saß im Klostergarten unter einer schattigen Linde und hatte eine Maß Dunkles vor sich stehen. Er blickte kurz auf, als die Edlen ihm den heroischen Plan eröffneten, senkte dann den Blick wieder und sagte die den bayrischen Grant klassisch umreißenden Worte: »Mei Ruah will i haben.« Die bayrischen Edlen zogen sich betreten zurück, blieben vor dem Kloster stehen und schauten sich an. Da sagte der älteste von ihnen, der Überlieferung nach ein gewisser Utilo von Abersberg, den ebenfalls klassischen Satz:

»Dann soll er uns am Arsch lecken.«

So wurde der bayrische Grant Geschichte, der Aufstand unterblieb, der Rhein-Main-Donau-Kanal wird weitergegraben, seit 1000 Jahren, und Bayern wird von fränkischen Besserwissern regiert, auch seit 1000 Jahren, und so wird es noch weitere 1000 Jahre bleiben, solang der selbstzerstörerische, aber auch selbsterhaltende bayrische Grant bestehen bleibt. Die Übervölkerung der Welt ist nicht mehr aufzuhalten. Die Regenwälder sind abgeholzt. Das Ozonloch ist schon zu groß. Das Apfelbäumchen Luthers ist schon gepflanzt. Es ist aus. Die Katastrophe ist da, wir können sie uns nur noch nicht vorstellen. Die Welt geht unter. Über ihrer unbewohnbar gewordenen Kruste schwebt mit Recht der wesenlose, selber zu Wesen geronnene Grant, so gesehen der letzte bayrische Gruß der Menschheit. Auch ein Trost.

III Kleine bairische Wortkunde*
   von Ludwig Merkle

Die Bestandteile des Bayern

Die Anatomie des Bayern – und auch seiner Frau – unterscheidet sich von der anderer Leute nicht eigentlich in grundsätzlichem Maße. Nur haben manche Teile ihre eigenen Namen.

Achsel – nicht nur in Bayern nennt man die Schulter lieber Achsel, obgleich diese ja bloß die Achse in der Höhlung unter den Armen ist.

Babbn – mit kurzem, hellem a zu sprechen, ist der Mund, mit dem man babbelt. »Hoit dei Babbn« = »halt deinen Mund«.

Bagga – vom althochdeutschen »backo«, heißt die Wange. Das Wort »Wange« fehlt im Bairischen beziehungsweise kommt nur in Ortsnamen (Pinswang, Marwang usw.) vor.

Belli – ist mit der »Bolle« (althochdeutsch »bolla« = Knolle) verwandt und bedeutet Kopf.

Bläschl – hängt mit althochdeutsch »bletecha« (dem Namen einiger Blattgewächse) zusammen, bezeichnet zunächst, auch als Blädschn, ein großes Blatt und schließlich unförmige, breite Dinge überhaupt; am bayerischen Menschen die Zunge.

Blattn – die Glatze; althochdeutsch »platta« war nicht nur die Steinplatte, sondern auch die Tonsur.

---

* Daß »bairisch« im Titel dieses Wörterbuchteils mit »ai« geschrieben ist und nicht mit »aye«, hat seinen Grund: die Philologen haben sich, sogar vom Duden sanktioniert, für die ai-Orthographie entschieden, wenn sie die Sprache der Bayern meinen. In anderen Zusammenhängen »Bayerischer Wald«, »Bayerische Staatsoper«, »Bayerisches Bier« – muß man das »y« verwenden.

Boana – sind keineswegs die Beine, sondern, wie in »Schlüsselbein«, »Eisbein«, die Knochen.

Bratzn – nennt man die Pranke, die breite, kräftige Hand. Das Wort kommt von »brachium«, das im Lateinischen den ganzen Arm bezeichnet.

Buckl – wird der – im Bairischen unbekannte – Rücken genannt, auch der schöne, höckerlose.

Damma – heißt, münchnerisch ausgesprochen, der Daumen.

Duddn – »tutte« ist mittel- und althochdeutsch die Brustwarze, die Zitze.

Ellabong – der Ellbogen.

Fiaß – reichen in Bayern von der Fußsohle bis etliches übers Knie. Das Bein (siehe Boana) ist nur ein Knochen.

Fotzn – so nennt man, ziemlich ordinär, den Mund und übrigens auch die Ohrfeige. Auf etwas umständliche Weise hängt die Fotzn mit »faul« im Sinne von »stinkend« zusammen.

Gfries – ist das Gesicht *(Gsicht)*: *»der hat mi ins Gfries neig'haut«.* Meist bezeichnet *Gfries* ein mürrisches, unfreundliches, auch boshaftes Gesicht. Als »Gefräß« ist es etymologisch mit der Fresse verwandt. Zu sagen: *»Hoit dei Gfries!«* (Halte dein Gfries) wäre allerdings falsch: der Mund ist nur ein Teil des Gfrieses.

Gnia – das Knie; »knien« heißt dementsprechend *gniagln*.

Glubberl – sind die Finger, von mittelhochdeutsch »kluppe« = Zange.

Gnack – mit hellem a, heißt das Genick, von mittelhochdeutsch »nac« = der Nacken.

Goschn – und *Goscherl* sind wieder Worte für den Mund; das erste unfreundlich, das zweite zärtlich. Die indogermanische Wurzel der *Goschn* ist »gheu«, wovon auch »gähnen« kommt.

Greiz – das Kreuz; so heißt der gesamte Rücken oder Buckel mit Ausnahme des allerobersten Teiles.

Griffi – nennt man das, was greift: die Finger.

Gstell – ist das »Aufgestellte«, die Figur.

Gwaff – vom »waffel«, was schon in frühneuhochdeutscher Zeit ein »großer Mund« ist.

Haxn – ursprünglich die Achillessehne, dann die Kniekehle (mittelhochdeutsch »hahse«), im Bairischen, ebenso wie »Fuß«, das ganze Bein.

Herz – nicht nur das Herz als solches, sondern auch seine äußere Umgebung: die weiblichen Brüste.

Hintern – wie auch anderswo geläufig: der Popo. Auch der Nominativ Singular heißt »*der Hintern*«.

Hirn – das Gehirn, aber auch die Stirne.

Hoar – das Haar, und zwar das einzelne Haar. »Das Haar« als Gesamtheit des Kopfbewuchses gibt es im Bairischen nicht; hier ist nur der Plural *die Hoar* zu verwenden.

Hois – mit sehr offenem o, zwischen a und o, zu sprechen: der Hals. Das l wird, wenn es auf einen Vokal folgt, meist zu einer Art i erweicht.

Holz vor der Hüttn – hat ein Mädchen mit ansehnlichem Busen; das Holz (sprich *Hoiz*, mit erweichtem l) ist das vor dem Hause aufgestapelte Brennholz.

Irxn – die Achsel oder Schulter, die mittelhochdeutsch nicht nur »ahsel«, sondern auch »üehse« hieß. *Irxnschmalz* ist die Armkraft.

Koderl – »goder« heißt mittelhochdeutsch der Schlund, die Gurgel. Das *Koderl* ist die Haut unter dem Kinn. Jemandem »*das Koderl kratzen*« heißt: ihm schmeicheln.

Koopf – mit langem o, kann man den Kopf auch nennen.

Lädschn – ein verdrießlich verzogener Mund oder auch das ganze von diesem Mund geprägte Gesicht. Die Lädschn hängt mit »lasch« zusammen. An der

Lädschn, die er »hinmacht«, erkennt man den *Grantigen.* Die sprachliche Wurzel des *Grants* freilich ist ungewiß: wahrscheinlich hängt er mit »greinen« (dazu bairisch *gronen* = knurren) zusammen.

Luser – sind, von mitteldeutsch »losen« = hören, die Ohren.

Mai – der Mund, das Maul, nicht weiter böse oder herabsetzend gemeint.

Nosn – die Nase, mit einem langen Vokal zwischen a und o gesprochen.

Orsch – der Arsch. In der Verkleinerungsform *Orscherl* auch als Kosewort zu gebrauchen.

Orschbagga – Gesäßbacke, ist interessanterweise mit der Backe, die die Wange bezeichnet, nicht verwandt, sondern kommt vom althochdeutschen »bahho« = Speckseite, Schinken.

Ohrwaschl – das Ohr, ursprünglich das Ohrläppchen, so genannt wegen seiner *Waschl-* = Lappenform.

Rüaßl – wieder ein Wort für die Nase: der Rüssel, beliebt etwa in dem Zusammenhang: *»Häng dein Rüaßl need überall nei!«* = »sei nicht so neugierig!«

Ranzn – bis zum 18. Jahrhundert nur als »Reisesack«, dann auch als »dicker Bauch« bekannt.

Schädl – die gängigste bairische Bezeichnung für den Kopf.

Schusser – von »schießen«, nennt man schon im Mittelhochdeutsch die Murmeln; so heißen, ihrer runden Form wegen, auch die Augen. »Da treibts dir d'Schusser raus, gell.«

Trentschn – wie die *Lädschn* ein verzogener Mund oder das ganze Gesicht. Die Trentschn hängt mit *trenzen* zusammen: Speichel, Suppe, Kaffee etc. aus dem Munde laufen lassen.

Trittling – ein großer Fuß.

Wadl – und zwar *der Wadl,* mit freundlich verkleinerndem l, ist die Wade.

Wampn – althochdeutsch »wamba«, der Bauch, hat seine Bedeutung auf den dicken Bauch eingeengt. Ein *wampada* ist ein fettbäuchiger Mensch.

Zäha – wie *Wadl* ein Maskulinum, *der Zäha*, ist die Zehe.

Oachkatzlschwoaf & Loawedoag

Die perfekte Intonierung dieser beiden Vokabeln gilt weithin in aller nichtbairischen Welt als höchster Gipfel Münchner Aussprachkunst. Andere als mundartistische, zungensportliche Zwecke hat freilich weder der *Loawedoag* noch der *Oachkatzlschwoaf*. Kaum ein Bayer nähme sie, hätte er nicht dann und wann mit Zugereisten zu verkehren, in den Mund. Sie fügen sich, der Eichkätzchen-, Eichhörnchenschweif und auch der Teig für *Maurerloawen* (eine spezielle Art von aus Sauerteig gemachten Brötchen), schwer in den alltäglichen Gesprächsstoff ein.

Der unschätzbare Wert des *Loawedoags* liegt in den Doppellauten oa, die mit fremden Zungen beinahe unaussprechbar sind. Es heißt nicht »Lo-abito-ak«; man spricht vielmehr ein kurzes o und hängt, indem man den Mund ein wenig öffnet, ohne Unterbrechung ein leicht verwaschenes, aber helles und kurzes a daran. »*Moanst, du konst an Max mit'n Soacha stecha?*« (Meinst du, du kannst – beim Watten, einem beliebten Kartenspiel – den Herzkönig mit dem Eichelsiebener stechen?) – »*I mog koane woachn Oar need.*« (Ich mag keine weichen Eier nicht).

Aber: Nicht jedes ei wird im Bairischen zu oa. Es heißt nicht »Edelwoaß«, es *hoaßt Edelweiß*. Nicht »Woatsprung«, sondern *Weidsprung*. Und nicht: »Moane droa Woawa schroan«, sondern: »*Meine drei Weiwa* (Weiber) schrein.« Auch ist es nicht das gleiche, ob man an einem Eis oder an einem *Oaß* leckt; denn ein *Oaß* ist ein Furunkel.

Dem Preußen (der *Breiß,* nicht »Broaß« heißt) scheint (nicht: »schoant«) das sehr verwirrend; dabei ist nichts leichter als diese Unterscheidung: altes ei, das schon im Alt- und Mittelhochdeutschen ein ei gewesen ist, wird (mit ganz wenigen Ausnahmen) oa; neues ei dagegen, das sich aus dem mittelhochdeutschen langen i entwickelt hat, bleibt ei.

Ein Beispiel (nicht »oan Boaspiel«, sondern *a Beischbui* und nicht mit *Boischbuin* – Ballspielen, zu verwechseln): »*Meine Goaßn san weiß, dees moan i need bloß, dees woaß i*« (Meine Ziegen sind weiß, das meine ich nicht nur, das weiß ich). Mittelhochdeutsch: mein = min; Geiß = geiß; weiß = wiß; ich meine = ich meine; ich weiß = ich weiß.

Noch größer ist die Kunst, den oa-Diphthong – oder das ei, das helle a, das au, das ea, das i oder das o – nasaliert auszusprechen, was regelmäßig dann verlangt wird, wenn dahinter ein n ausgefallen ist. Das klingt dann teils wie französisch, teils mehr wie portugiesisch: »*Naã deī Mō moand, oã Oa is hī. Awa dees anda is schē greã.*« (Nein, dein Mann meint, ein Ei ist hin. Aber das andere ist schön grün).

Vadda, Muadda, Buam & Deandln

Man kann – nebst ›Vati‹ und nebst ›Babba‹ – einen Münchner Vater sowohl *Vadda* als auch *Voda* nennen und seine Frau – von ›Mutti‹ und von ›Mamma‹ abgesehen – *Muadda* oder *Muada.* Zwischen *Vadda* und *Voda* besteht nur der Unterschied sich steigender Geschertheit: *Voda* (und *Muada*) ist ordinärer als *Vadda* (und als *Muadda*).

Für Kinder, *Buam* und *Deandln* (die Unmoral der

Dirne steckt im *Deandl* und Dirndl nicht: die germanische Wurzel des Wortes, dewerno, bedeutet sogar »Jungfrau«), für Kinder also sind manche Kosenamen im Gebrauch:

das *Buzerl* – von mittelhochdeutsch »butze« = Popanz, Schreckgestalt, das sich über die lustige, drollige Fastnachtsmaske zur »Putzigkeit« entwickelt hat – ist ein nettes, eben putziges kleines Kind.

Noch mehr Zärtlichkeit steckt im Wort *Buziwaggerl*, das den wackelnden Gang des Kleinkindes mit in die Liebkosung einbezieht, und gar im *Herzibobberl*, dem »Herzenspüppchen«.

Bams – mit dem italienischen »bambino« zusammenhängend – bezeichnet ziemlich wertfrei das kleine Kind, während der *Schraaz* (mit langem hellem a) in seiner Ungebärdigkeit viel Überdruß erregt: mittelhochdeutsch »schraz« ist der Kobold, Poltergeist und Schrat. –

Der Popanz-Butze trägt eine Fratze als Gesicht. Auch *Fratz* kann man seine Kinder nennen, wenn sie unfolgsam und böse sind. In der Bedeutung »albernes Gerede« oder »Possen« wird »Fratzen« von Luther gebraucht; über »Fratzengesicht« kommt es im 18. Jahrhundert zu seiner heutigen Bedeutung.

Auch unter einem *Bangad* wird ein widerspenstiges, ungezogenes Kind verstanden. Eigentlich ist der »Bankert« das auf der Schlafbank der Magd (anstatt im Ehebett, wie sich's gehört) gezeugte, das uneheliche Kind. Daran aber denkt heute niemand mehr; ehrbare, wohlverheiratete Münchner Mütter nennen ihre Kinder lauthals *Bangadn*.

Krawatt (mit zwei dunklen a und Endbetonung), eigentlich »Kroate«, *Schlawuzi*, in dem ein anderer dem Bayern nicht ganz geheurer Balkanese, der Slowene, steckt, und *Drack* (mit dunklem a), von mittelhochdeutsch »tracke« = Drache, sind sozusagen Koseschimpfwörter, mit mehr freundlicher als tadelnder Bedeutung.

Auch *Lausbua* und *Lausdeandl* (verlauster Bub, verlaustes Mädchen) enthalten, wie »Lausejunge«, nur milden Tadel. Erst *Saubua*, *Hundsbua* und *Hundsgrippi* (Hundskrüppel) sind – meist – ernster, zornigerer Schimpf; sie verdienen es, daß sie *durchg'haut* (nicht »durchgehauen«) werden und *Schleeg kriagn*, Schläge bekommen.

Ein interessantes familiäres Wort ist das *Gschwerl*. Es leitet sich vom mittelhochdeutschen »geswige« her, von der Schwägerschaft, der angeheirateten Verwandten, von denen jeder weiß: sie taugen, gemessen an den eigenen, nicht viel. Diese Herkunft geriet allerdings in Vergessenheit; ein *Gschwerl* ist heute einfach ein Gesindel.

Der, die, das

»Mit großem Schneid«, sagt der Rundfunksprecher, »greift der tapfere Sepp Hinterwimmer seinen Gegner immer wieder an!« – Dies klingt für bairische Ohren fast so schlimm wie »das Maß Bier«; es heißt *die Schneid*, sogar beweisbar richtig; denn die Schneid kommt von der scharfen Schneide der Waffe.

Im Duden steht: »Gaudi (ugs. für: Gaudium) s; -s (südd. auch: w; –«). Hier irrt der Duden. In Bayern gibt's nicht auch, hier gibt es nur *die Gaudi*. »Das Gaudi« klingt für den Bayern so scheußlich wie ›der Schneid‹; das ärgert ihn, da *stinkt er ihm* – nicht: es stinkt ihm.

Auch das Gummi, die Kartoffel und die Schokolade hört er ungern. Bairisch ist: *der Gummi, der Kadoffe*. Und *der Schogglad* sagten schon die Spanier, als sie das Wort im 16. Jahrhundert aus dem mexikanischen chocolatl übernahmen; übrigens wird der bairische *Schogglad* niemals getrunken, nur gegessen; das Getränk heißt nur *Kaukau*. Andere, dem Bayern nicht ganz so unerträgliche Abweichungen der Schriftsprache in der Verwendung der grammatikalischen Geschlechter sind:

das Radio; statt *der Radio* (eine Verkürzung von Radio-Apparat); das Thermometer und das Barometer, die in Bayern männlichen Geschlechtes sind;

das Gehalt; man bezieht in München *den Gehalt;*

der Teller und der Monat, die *das Teller* und *das Monat* heißen;

die Butter und die Zwiebel – statt *der Butter* und *der Zwiefi;*

»das Fett« – für *die Fettn*

und »das Werkzeug«. Da schon im Mittelhochdeutschen »ziuc« ein Maskulinum ist, heißt es im Bairischen *der Werggzeig*.

Daß »Mensch« in Bayern als Neutrum gilt, trifft nur zu, wenn von einer weiblichen und (meistens) überdies moralisch nicht ganz fraglosen Person die Rede ist: das Mensch, die Menscher. Dies folgt alter Sprachtradition: Bis ins 17. Jahrhundert nannte man weibliche Dienstboten so; die abwertende Bedeutung trat im 18. Jahrhundert auf. Ist *das Mensch* noch jung an Jahren, dann wird es als *Menscherl* bezeichnet. Vielerorts auf dem Lande ist das Mensch auch heute noch das unverheiratete Mädchen.

Auch mit dem Singular *das Leit* überbietet das Bairische die gemeindeutsche Sprache, die nur »die Leute« kennt. *A guads Leit, a unguads Leit, a arms Leit* ist eine gute, eine ungute, eine arme Frau.

Himmiherrgottsaggramentgreizgruzäfixhalleluja

Wie alle christlichen Völker, sehen sich auch die Münchner dann und wann genötigt, ihrem Zorn durch Beschimpfung des Himmels Luft zu machen und schreckliche Flüche auszustoßen.

Die Mehrzahl der in München gängigen Flüche setzt sich aus den heiligen Grundworten »Kruzifix«, »Sakrament«, »Kreuz«, »Himmel« und »Herrgott« zusammen, die sowohl einzeln als auch in vielfältiger Kombination zu benutzen sind.

Der Trick beim Fluchen besteht darin, daß man den Namen Gottes nur beinahe, beziehungsweise grade noch nicht ganz verunehrt und im vorletzten Moment die schon auf der Zunge liegende Lästerung des Himmels zum harmlosen Allerweltswort säkularisiert. Dies ist dieselbe Technik, die auch zum »Schei-benhonig« führt oder den »Ar-mleuchter« erzeugt.

Kruzifix-Flüche

Kruzifix – der ans Kreuz geheftete Jesus, lateinisch crucifixus; ein deutlich gotteslästerlicher Fluch.
Zäfix – ohne »Kru-« läßt den lieben Gott zumindest zur Hälfte aus dem Spiel und ist, obwohl kein feiner Fluch, sicher eine geringere Versündigung als das zur Gänze ausgesprochene *Gruzäfix*. Man kann bei hinreichendem Anlaß *zäfix* beliebig häufig wiederholen: *zäfixzäfix,* und kann es durch ein angehängtes »Halleluja« wieder in den theologischen Bereich erhöhen.
Kruziment – eine Zusammenziehung aus »Kruzifixsakrament«, durch die drei fehlenden Mittelsilben stark gemildert.

Kruzäfümferl – ist ein besonders schlauer Fluch: fast ist das Gruzäfix ausgesprochen, da wird aus dem -fix schnell das harmlose *Fümferl* (Fünfpfennigstück).

Kruzitürken – stammt aus der Zeit, da die Türken in Österreich waren.

Kruzinäsn – ein getarnter Fluch wie *Kruzifümferl*, dessen Herkunft jedoch unklar ist.

Kreuz-Flüche

Anstelle der kräftigen, unverhohlenen Flüche *Greizgruzäfix*, *Greizsaggrament* und *Greizhimmiherrgott* sagt man, frömmer,

Greizdeifi – was eine hübsche kontrapunktische Zusammensetzung ist: Kreuzteufel, oder

Greizbirnbaam – Wie der Birnbaum, zuweilen noch durch die Holunderstaude zu *Greizbirnbamhollerstaudn* vermehrt, zum Fluchwort wird, ist ungeklärt.

Herrgott-Flüche

Ausgangswort der Herrgott-Flüche ist »*Herrgottsakrament*«. Auch dies verbietet das 2. Gebot, so daß es notwendig wird, unanstößige Decknamen zu finden:

Herrgottsa – ist das rechtzeitig abgebrochene *Herrgottsakrament*.

Herrgottnomoi – auch anderswo vielverwendet: Herrgott nochmal.

Herrschaftsa – ist *Herrschaftsakrament*, und »*Herrschaft*« ist die scheinheilige Transsubstantiation des Herrgotts in einen belanglos weltlichen Begriff.

Herrschaftseitn – mit gekapptem Sakrament: Herrschaftsaitn.

Sakrament-Flüche

Auch das heilige Sakrament allein ist gegen Fluchgebrauch empfindlich und bedarf der Schonung durch abkürzende oder verfremdende Aussprache:

Saggra – auch *Greizsaggra(ment)*, wovon das weniger beschimpfende als bekräftigende Adjektiv *saggrisch* abgeleitet wird: *a saggrische Freid.*

Saggradi – ist französisch: »sacre dieu«, und daher, weil schwerverständlich, nur von geringfügiger Sündhaftigkeit.

Saxndi – noch harmloser, da auch das heilige »Sakra« umgebogen wurde.

Sabbradi – ebenso.

Sabbrawoit – ohne dieu, mit unverständlicher Endung.

Sacklzement – als »Sackzement« auch anderswo geläufig: die totale Verfremdung.

Himmel-Flüche

»Himmel«, nur der Wohnort Gottes, ist ein unkräftiger Fluch, der seine Wirksamkeit erst aus Zusammensetzungen mit stärkeren Worten erhält. Eigentlich muß man *Himmiherrgott* sagen.

Himmigreiz – ist nur der Anfang eines Wortes; zu Ende geflucht hieße es: *Himmigreizgruzäfix.*

Himmiarsch – ist überall geläufig, wo man deutsch spricht; auch in Bayern.

Himmischimmi – Himmelschimmel, des wohlklingenden Reimes wegen benutzt.

Jesus-Flüche

Jesus-Flüche sind merkwürdigerweise stets sanfter Natur und – im Gegensatz etwa zu *Greizgruzäfix* – auch weiblichem Munde durchaus angemessen.
Jessas – keineswegs auf Bayern beschränkt, steht fast auf der Kippe zwischen Fluch und Stoßgebet und ist nur leichtem Ungemach angemessen.
Jessasnaa – »Jesus, nein!« desgleichen.
Jessmarandjosef – ist mehr ein Jammern als ein Wutfluch. Auch die gesamte Heilige Familie kann nur bei kleinen Widrigkeiten angerufen werden: *»Jessmarandjosef, jetzt hat der Hundsbua scho wieder in d' Hosn g'schissn!«*
Ui jeggerl – ein kaum noch erkennbarer Jesus, der bescheidenste aller Flüche.

Verreck-Flüche

Gegenständen und Situationen, die einem Ärger bereiten, wünscht man die sofortige Vernichtung an den Hals:
Varregg doch glei – verreck doch gleich!
Varregga duad nix – Verrecken tut nichts. So sagt man resignierend, wenn einem etwas gar nicht, ums Verrecken nicht, gelingt oder in den Kram paßt.

Blut-Flüche

Nebst göttlichen Namen und Todeswünschen eignet sich auch Blut in hohem Maß zum Fluchen. Zahllose Substantive kann man dadurch, daß ihnen das Wort »*Bluads-*« vorangestellt wird, zum eindrucksvollen Schimpfwort machen:

Bluadstrambahn, Bluadstelefon, Bluadsapfistrudl.
Zum allgemeinen Fluchen eignen sich:
Bluadsakrament – ein recht wirksamer und kräftiger Fluch.
Bluadsau – ein abgestopptes *Bluadsakrament.*
Bluadsauerei – desgleichen.
Bluad von der Katz – Blut von der Katze. Da das Bairische keinen Genitiv kennt, muß man ihn mit »von« und dem Dativ umschreiben.
Bluadiga Henadreck – blutiger Hühnerkot.

Neben »*Bluads-*« benutzt man zu Verwünschungszwecken: *Malefiz-* (vom lateinischen »maleficium« = Missetat, Schaden) und, wie im gesamten deutschen Sprachbereich, »*Sau-*« und auch »*Scheiß-*«. »Malefiz« ist so harmlos, daß man es sogar zur Beschimpfung eigener Kinder verwenden kann: »*Malefizkerl*«, »*Malefizbua*« und dergleichen. Mit »Sau-« und »Scheiß-« weiß auch der Nichtbayer wohl umzugehen: *Saukarrn, varreckter, Scheißchristbaum, Saubreiß* und, aus euphonischen Gründen des Reims: *Scheißbreiß.*

Nein und dreimal nein

Die bairische Sprache, sagt man, kennt kein Imperfekt. Das stimmt, wenn man von zwei Ausnahmen absieht: der Bayer *war,* und der Bayer *wollte.* »*I war bein Doni drübn, awa der wollt need mitgeh.*« Ansonsten wird das Perfekt verwendet:
ich kam = *i bin kema;*
ich sah = *i hab gsehng;*
ich siegte = *i hab gewunna.*

Geläufig geht dem Bayern der Konjunktiv Imperfekt von den Lippen: ich ginge = *i gang;* er liefe = *er laffat;* wir tränken = *mir dringadn.* Die umschriebene

Form des Konjunktivs: »wir würden schwimmen« heißt bairisch: *mir daadn schwimma:* wir täten schwimmen.

Das Verbum »tun« ist im Bairischen überaus wichtig, es dient als Hilfszeitwort, als Hilfstunwort gewissermaßen. Auf die Frage: »*Was deats ihr heit namiddag?*« (Was tut ihr heute nachmittag?) kann man antworten: »*Mir arwadn.*« (Wir arbeiten.) Noch weitaus schöner aber klingt: »*Mir dean arwadn.*« (Wir tun arbeiten.) – »*Duast du auframma?*«(Tust du aufräumen?) »*Ihr deats jetz schlaffa.*« (Ihr tut jetzt schlafen.) »*D'Mamma duad kocha.*« (Mutti kocht.)

Merke aber: Nur im Präsens kann man mit »tun« operieren: »Mir dean essn.« Aber: »*Mir ham gessn.*« Nicht etwa: »Mir ham essn dō.«

»*Was habts na gessn?*«

»*An ganz an guadn Schweinsbratn.*« Das heißt: »Einen ganz einen guten Schweinebraten.« Auch dies ist eine bairische Spezialität: in Verbindung mit »ganz«, mit »recht« oder »so« kann der Artikel verdoppelt werden: »*München is a recht a greislige Stadt worn*«; »*a so a Blädsinn.*«

»*Habts an Kuacha aa ghabt?*«

»*Naa, koan Kucha hamma need ghabt.*«

Übersetzt heißt das: »Nein, keinen Kuchen haben wir nicht gehabt.«

Diese doppelte Verneinung drückt nicht etwa, was logisch wäre, eine Bejahung aus, sie betont vielmehr das Nein. Ebenso wie die durchaus mögliche dreifache Verneinung: »*I hab no nia koan Kuacha need meeng.*« (Ich habe noch nie keinen Kuchen nicht gemocht.) Nein ist nein, ob es der Bayer einmal, zweimal oder dreimal sagt.

Griaßgood

Griaßgood sagt man in München anstatt »Guten Tach«. »Grüßgott« ist ein Segenswunsch, der nicht bedeutet: »Grüße« oder »Grüßen Sie den lieben Gott«, sondern, gerade umgekehrt: »Gott grüße dich.« *Griaßgood* ist zu jeder Tageszeit und gegenüber hoch- und tiefgestellten Leuten zu verwenden, ob man sich duzt mit ihnen oder siezt. Das Sie oder Du läßt sich, wenn man will, in den Gruß einbauen: *Griaßdigood* (Grüß dich Gott), *Griasseahnagood* (Grüß Sie, beziehungsweise Ihnen, Gott) und *Griasseichgood* (Grüß euch Gott). Auch *Griaßde* oder *Griasseich* kann man sagen, *Griaßdinacha* (Grüß dich nachher, dann grüß dich) oder, verhältnismäßig mundfaul, *sgood*. Zur Anrede mehrerer eignet sich gut: *Griaßgood beinand*.

Grüßgott ist die Begrüßung. Es zum Abschied auszurufen, wäre falsch. Da benutzt man *Bfiagood, Bfiaddigood, Bfiaddeichgood, Bfiaddeahnagood* oder auch *Bfiadde, Bfiaddinacha, Bfiaddeich* oder *Bfiaddeahna*: »Behüt dich, euch, Sie Gott«.

Auch als Ausruf der unfrohen Überraschung sind *Ja griaßdigood* und – noch etwas freudloser – *Bfiaddigood scheene Gengd* (Behüt dich Gott, schöne Gegend) im Gebrauch. Und einen stoffeligen Menschen, den man traf und der schweigsam verstockt kein Wort geredet hat, kann man nicht treffender beschreiben als damit: Er habe nichts gesagt, *need griaßgood, need bfiagood, need leckmiamorsch*. Natürlich versteht (und gebraucht) man in Bayern auch *Gudmorng* oder *Guadmoing, Guadnamd* (Gutenmorgen, Gutenabend) und *Guadnacht*. Und notfalls sogar »Guten Tag«, dies allerdings so widerwillig, daß es nur hochdeutsch ausgesprochen werden kann. »Guadn Dog« würde höchstens ein Zugereister sagen; der Bayer weigert sich, diesen Gruß in seine Mundart aufzunehmen.

Servus, »(dein) Diener« – aus dem Lateinischen – verwendet man fast nur im Duzverkehr, da aber Tag und Nacht und sowohl beim Kommen wie beim Gehen. Im Aussterben begriffen ist das behäbige, gemütliche *Hawedehre*, (ich) »habe die Ehre (Sie oder dich zu begrüßen, mich von dir oder Ihnen zu verabschieden)«. Nur dann und wann, aus dem Mund älterer Generationen, kann man es noch hören. – Es kommt auch vor, daß man *hawedehre* ist. *I bin ganz hawedehre* heißt: »Ich bin ganz fertig, ganz müde, ganz zerschlagen.«

An guadn

Auch »Mahlzeit!« ist, weithin geläufig, ein Grußwort von schöner Innigkeit. Es läge nahe, zu vermuten, daß man zur Vesper, Pause, Zwischenmahlzeit vormittags um 10 Uhr »Brotzeit« wünscht.

Dies wäre freilich ganz verkehrt. *Brotzeit* wird nicht gerufen, *Brotzeit* macht man (indem man das mitgebrachte Wurst- und Käsebrot oder den Leberkäs zu einer Flasche Bier verzehrt), die *Brotzeit* läßt man sich vom Lehrling *(Lehrbuam)* holen oder man hat sie, von der Gattin säuberlich *einbabierlt* (in Papier eingewikkelt), in der Aktentasche dabei.

Es wird niemanden wundern zu erfahren, daß auch die Speisen, welche der Bayer, zur Brot- und Mahlzeit und zu sonstigen Gelegenheiten, zu sich nimmt (und seinen Gästen vorsetzt), Namen tragen, die sich von den gemein- und gesamtdeutschen unterscheiden. Wer sie verzehrt, dem empfiehlt sich ein kraftvoller, robuster Magen; nur wenige bayerische Gerichte sind als Diätnahrung geeignet.

Apfeküachl – in Pfannkuchen-(Eierkuchen-)-Teig getauchte Apfelscheiben, die in Schmalz ausgebacken und mit Zucker bestreut werden. Das »*Küachl*« ist, allerdings nur im sprachlichen Zusammenhang, ein kleiner Kuchen, ein Küchlein.

Blaukraut – heißt das Gemüse, das andere deutsche Stämme als »Rotkraut« oder gar »Rotkohl« bezeichnen.

Böfflamodd – Boeuf à la mode, in Essig eingelegtes Rindfleisch mit dunkler *Einbrenne* (Mehlschwitze).

Brezen – nicht »Brezel«, sagt man in München. Ihre kräftig braune Farbe bekommen sie dadurch, daß sie, ehe man sie in den Ofen schiebt, in Lauge eingetaucht werden; daher auch der Name »Laugenbrezen«. »*Breze*«, mittelhochdeutsch »prezile«, hängt wie die ›Bratzn‹ (siehe unter *Bestandteile des Bayern*) mit dem lateinischen »brachium« = »Arm« zusammen; denn die Brezenform entspricht zwei ineinander geschlungenen Armen.

Eiweckerl – eine Brötchenart aus einem Teig, der Fett, Zucker und Milch enthält. Ein Ei ist nicht darin, der Name erklärt sich aus der Form, die – etwa – zwei aneinandergepappten Eiern entspricht. Ein »*Weckerl*« (von mittelhochdeutsch »wecke« = »Keil«, »keilförmiges Gebäck«) ist ein kleiner Wecken.

Fleischpflanzl – gebratene, plattgedrückte Hackfleischknödel, die man anderswo als Frikadellen, Deutsche Beefsteaks und Buletten ißt. Das »*Pflanzl*« soll übrigens kein »Pflänzlein« sein, sondern von »Pfanzl« oder »Fanzl« kommen. So nannte man früher ein lockeres, weiches Gebäck. Der Name »Fleischpflanzl« mit »l« entstand, als man vergessen hatte, was ein »Fleischpfanzl« ist.

Gröstl – geröstete Kartoffeln mit mitgerösteten Fleisch- oder Wurststücken.

Gselchts – geräuchertes Schweinefleisch, von mittelhochdeutsch »selhen« = trocknen.

Guatl – in der Kleinkindersprache als »*Gutti*« bezeichnet, sind Bonbons und leiten sich, ebenso wie das französische Wort von »bon« von »gut« her.

Haxn – die »*Schweinshaxn*«, gebraten, gegrillt, gesotten mit Sauerkraut serviert, ist das, was höher im Norden »Eisbein« heißt. Eine »*Kalbshaxn*« ist das gleiche Stück vom Kalb. Während »Eisbein« mit »Ischias« zusammenhängt, ist die Haxn, althochdeutsch »hahsa«, eigentlich die Achillessehne, an welcher geschlachtete Tiere aufgehängt werden.

Kaisersemmel – kommt aus Wien, hat aber nicht den Kaiser Franz Joseph zum Vater. »Kaiser« bedeutet nur: »besonders fein«. Die Kaisersemmel wird aus dem gleichen Teig wie das *Eiweckerl* gemacht, unterscheidet sich von ihm aber durch die fünf windradförmigen Einschnitte auf der Oberfläche (die durch kompliziertes Umlegen von fünf Teiglappen entstehen).

Knödel – heißt in München jede Art von Klößen, sogar der Königsberger Klops, wenn auch auf Speisekarten, den Fremden zuliebe, oft andere Bezeichnungen zu lesen sind. Wer einen Kartoffelknödel »Kloß« nennt, kann sich notdürftig mit der Herkunft dieses Gerichtes aus Oberfranken (wo er »Klöß« genannt wird) rechtfertigen. Der *Semmelknödel* dagegen, eine rein bairische Spezialität, hat niemals »Kloß« geheißen. Der *Knödel* ist mit dem Knoten verwandt: mittelhochdeutsch »knödel« ist ein kleiner Knoten. – Zu empfehlen wäre übrigens auch die *Leberknödelsuppe; Leberknödel* bestehen aus in Milch aufgeweichten alten Semmeln, Rindsleber, Majoran, Petersilie (bairisch *der Bädasui*), Salz und etwas Mehl.

Knöcherlsulz – Knöchleinsülze aus Schweins- oder Kälberfüßen, -ohren und dergleichen.

Kren – mit nasaliertem »e« gesprochen, ist der Meerrettich. »Meerradi« heißt er schon deshalb nicht, weil »Meer« gar nicht vom Ozean, sondern von »*mehr*« kommt: der Mehr-Rettich ist der größere Rettich. »*Kren*« wurde aus dem Slawischen entnommen: tschechisch »Křen«, serbokroatisch »chren«, russisch »chren«.

Leberkäs – besteht aus *Rinds-* und *Schweinebrat* (= feingehacktes Fleisch). Leber enthält er nicht, er ist vielmehr ein »Laibkäse«, so genannt wegen der Laibform, in der er gebacken wird. Besonders wohlschmeckend: der »*warme Leberkäs*«, wie ihn die Metzger zum Gleich-im-Laden-Essen verkaufen.

Lüngerl – feingeschnittne Kalbs-, eventuell auch Rinds- oder Schweinslunge, in essigsaurer *Einbrennsoße*. Eigentlich ein Vormittags-, heute oft auch ein Mittagessen.

Maurerloawi – ein »Loawi« ist ein »Laibchen«, ein sehr kleiner Brotlaib, aus dunklem Weizenmehl mit Sauerteig als Gärungsmittel. Früher wurden die ›Laiberl‹ zu Allerseelen als Spendenbrot für arme Leute gebacken; mehrere Einzelstücke hängen aneinander und können, zum Verteilen, abgebrochen werden. »*Maurerloawen*« waren billiger als feine, weiße Semmeln, so daß auch die ärmere Bevölkerung – daher der Name – sie sich kaufen konnte.

Preßsack – anderswo »Preßkopf« oder »Schwartenmagen« (der *schwarze Preßsack*) genannt. Der »Sack« ist die Hülle, in die die Bestandteile (Fleisch vom Kopf, Sülze, Speck) hineingepreßt werden.

Radi – heißt der Rettich, der insbesondere zum Bier genossen wird. »Rettich« und »*Radi*« leiten sich gleichermaßen vom lateinischen »radix« = die Wurzel ab.

Rasperl – gesprochen »Raschbbal« sind längliche, glatte Brötchen aus Kaisersemmelteig, die ihren Namen davon haben, daß sie rundgeschliffen, geraspelt werden.

Römische – haben eine ähnliche Form wie die »*Rasperl*«, hängen aber, wie die »*Maurerloawen*«, zu mehreren aneinander, und sind, wie sie, aus dunklem Weizenmehl mit Sauerteig gebacken, überdies mit Kümmel bestreut. Manche Bäcker verwenden Hefe anstatt Sauerteig und erzielen so fast völlige Geschmacklosigkeit. Aus Rom kommt das *Römische* nicht, zumal es eigentlich »Riemisch Weckerl« heißt. »Riemisch« nannte man früher das Mehl, aus dem das *Weckerl* zubereitet wurde. Die Erinnerung daran hat sich getrübt, man weiß nur noch, daß es sich um feines Roggenmehl gehandelt hat und verweist auf offenbar verwandte Wörter in fremden Sprachen wie englisch »rye« = Roggen, slawisch »rivati« = stoßen. Mit Riemen, die etwa zum Schlagen des Korns verwendet wurden, hat das *Riemische* nichts zu tun.

Ruam – sind Rüben. »*Gelbe Ruam*« oder feiner, »*gelbe Rüben*« nennt man in München die Möhren oder Mohrrüben, »*rote Ruam*« die rote Beete.

Scherzl – hieß schon im Mittelhochdeutschen »ein abgeschnittenes Stück«, von »scherten« = abschneiden. Das bairische »*Scherzl*« ist das von einer Kruste umgebene erste oder letzte Stück des Brotlaibs.

Schlagrahm – wird auch in Münchner Kaffeehäusern mehr und mehr von der Sahne (mit sehr hellem »a« ausgesprochen) verdrängt. Während vom Wort »Sahne« ungewiß ist, woher's kommt, ist der »*Rahm*« schon im Altisländischen (als »rjomi«) und im Awestischen (als »raoγna«) zu finden.

Schmarrn – hängt mit »Schmer« = Fett zusammen, in dem man ihn brät, und besteht aus dickem Eierkuchenteig, der zu Klumpen zerstoßen wird; dann spricht man von einem *»Kaiserschmarrn«*, einem besonders feinen *Schmarrn*. Es gibt aber auch *Kartoffel-*, *Grieß-* und *Semmelschmarrn*. –

Einen »*Schmarrn*« kann man sogar reden; dann hat »Schmarrn« die Bedeutung »Unsinn«.

Schwammerl – heißen, trotz der Verkleinerungs-Endung »erl«, auch große Pilze. Alt- und mittelhochdeutsch »swam« bedeutet »Pilz«.

Schweiners – ein »*Schweiners*«, ein »*Schweinernes*« ist ein Fleisch vom Schwein; so sehr liebt der Bayer das Schweinefleisch, insbesondere den *»Schweinsbraten«* (nicht »Schweinebraten«), daß er vom Schwein ein eigenes Adjektiv gebildet hat. »A Rinders« oder »a Pferdes« kann man nicht sagen.

Sternsemmel – dies ist, nebst der glatten Semmel, dem überall backüblichen Brötchen, die gewöhnlichste Semmelart; zu erkennen am kreuzweisen Einschnitt der Oberfläche.

Strudel – aus Wien importierte, in Bayern sehr heimisch gewordene *»Mehlspeis«* aus dünn ausgezogenem Nudelteig mit Apfel-, Topfen- etc. -füllung. Seine zusammengerollte Form ergab den Vergleich mit dem Wasserstrudel.

Topfen – »topfe« heißt der Quark schon im 13. Jahrhundert auf mittelhochdeutsch: »Quark« dagegen wurde erst im 14. Jahrhundert aus den slawischen Sprachen (polnisch »tvaróg«, tschechisch »tvaroh«) entlehnt.

Weißwurst – aus Kalbsbrat und Speck hergestellt, eine der beliebtesten Münchner Brotzeit- und Zweitfrühstückspezialitäten, so genannt wegen ihrer schön weißen Farbe. Eine etwas ordinärere Verwandte ist die *Stockwurst,* die aus Rindsbrat besteht und ihren Namen vom Hackstock (Hackklotz) hat, auf dem die Zutaten früher zerkleinert wurden.

Zwetschgendatschi – mit halbierten Zwetschgen belegter, flacher, wie zusammen*gedatscht* (= zusammengedrückt) aussehender Hefeteigkuchen. Mittelhochdeutsch »tetschen« heißt patschen.

Auf d'Nacht & in der Früah

Die Stadt München hat sich fürsorglich darum bemüht, daß ihren Besuchern zahlreiche Nachtquartiere in Hotels, Pensionen (die man in München nicht »Pangsionen« nennt, sondern »Pensionen«, wie sie geschrieben werden) und Privathaushalten zur Verfügung stehen, so daß beinah ein jeder Gast sein Lager findet.

Auf d'Nacht (so sagt man in Bayern anstatt »abends«), wenn man müde *(miad)* ist und *»Schlaf hat«* (schläfrig ist), legt oder, weitaus gescherter, *flackt* man sich ins Bett. *Flacken* heißt »träge und faul daliegen« und hängt mit dem lateinischen »flaccus« = »schlaff« zusammen.

Nachts (bairisch: *bei der Nacht*) schläft man *(schlafft ma);* und nicht morgens, sondern in der Früh (oder *in da Früah,* auch *in da Fruah*) steht man dann wieder auf.

Der Schrank heißt *Kastn,* der Nachttisch *Nachtkastl.* Die übrigen Einrichtungsgegenstände tragen gesamtdeutsche, nur durch die Aussprache leicht modifizierte Namen: *Düsch* (Tisch), *Stui* (Stuhl) usw.

Das Nachtgeschirr allerdings wird französisch benannt: *Botschamberl* (von »Pot de chambre«), und das Federbett, mit dem man sich zudeckt, heißt *Blimoh.* Auch das ist französisch: »Plumeau« – obgleich mit diesem Wort in Frankreich weniger ein Bett als ein Federbesen bezeichnet wird.

Oans, zwoa

Erfahrene Weltreisende bemühen sich, aus den Sprachen der Länder, welche sie besuchen, wenigstens die Zahlen zu erlernen; denn dies setzt sie in den Stand, zu verstehen, wieviel etwas kostet.

Es ist gut, auch die Münchner Zahlen zu beherrschen. Sie lauten:

oans, zwoa, drei, viere, fümfe, sechse, sieme, achte, neine, zehne, äjfe, zwöife.

Weiter die Zehnerzahlen: *zwanzg(e) – oanazwanzg, zwoarazwanzg, dreiazwanzg –, dreißg(e), vierzg(e), fuchzg(e), sechzg(e), siewazg(e), achzg(e), neinzg(e).*

Die bayerische Währung entspricht derjenigen der übrigen westdeutschen Bundesländer; nur einige Bezeichnungen weichen vom Gebräuchlichen ab: Das Zweipfennigstück heißt *Zwoaring* (eine Analogiebildung zum Pfenn-ing); das Fünfpfennigstück ist ein *Fümferl;* der Groschen, das Zehnpfennigstück, ein *Zehnerl.* Ein Fünfzigpfennigstück nennt man *Fuchzgerl,* die Mark *das Margl.*

Auch die Maße sind die allgemeinen deutschen; Zoll (2,43 cm), Elle (0,833 m) und Fuß (0,2918 m) sind ausgestorben, und das Tagwerk (34,07 Ar) hat nur noch landwirtschaftliche Bedeutung. Hier braucht man bloß zu wissen, daß das Meter *der Mädda* und ein Zentimeter *a Zanddimädda* ist. Gewisse Schwierigkeiten können bei Zeitangaben entstehen. Es heißt: 16 Uhr = *viere;* 16 Uhr 15 = *viertl nach viere;* 16 Uhr 30 *hoiwe fümfe;* 16 Uhr 45 = *dreiviertel fümfe.*

Die ungefähre Zeitangabe: »etwa um 20 Uhr 45« lautet *umma* oder *ummara dreivirtl neine:* um dreiviertel neun herum.

Gsuffa

Zugereiste neigen dazu, »ein Maaß Bier« zu bestellen. Dies ist doppelt tadelnswert: Erstens spricht man *Mass*, mit kurzem, dunklem a und um so schärferem s, zweitens aber heißt es *die Maß*. Nicht ohne Grund: im Mittelhochdeutschen ist die »maße« nicht nur die kluge Mäßigung, sondern auch eine »abgegrenzte Ausdehnung in Raum, Gewicht, Kraft«.

Eine »Moaß« gibt es nicht. Ein *Moassl* ist ein Handwerkszeug, ein Meißel. Wer aber *a Massl* hat (mit kurzem, hellem a), dem wird sein Maßkrug voll eingeschenkt: *Massl* ist die jiddische »másel« und bedeutet soviel wie »Glück«.

Eine *Maß Bier* ist ein Liter Bier. Eine Maß Milch, Wein, Essig, Schnaps, Benzin, Salatöl gibt es nicht; da sagt man schlicht Liter. Auch von einer »halben Maß« kann man nicht sprechen. ½ Liter Bier ist »eine Halbe« (sprich *a Hoiwe*), ¼ Liter (»ein kleines Bier«) *a Quartl*, vom lateinischen »quartum«.

Hat man fast ausgetrunken, dann heißt, was noch im Krug verbleibt, das *Noagerl;* das ist die Neige, zu der das Bier gegangen ist.

Haa? – Naa!

Zu den speziellen Schönheiten der Münchner Sprache, die den Zugereisten immer wieder faszinieren, gehören jene einsilbigen Brumm- und Knurrlaute, mit denen der Bayer soviel auszudrücken weiß.

Haā zum Beispiel, mit nasalem hellem langem a zu sprechen, bedeutet: »Wie bitte?« Zwar erfahren schon bayerische Kinder von ihren Eltern, es sei nicht höflich, *haa* zu sagen, davon aber, von Unhöflichkeit, kann keine Rede sein, gibt es doch sogar eine eigene

Respektform dieses Wortes, die man gern anwendet, wenn man mit dem Gesprächspartner auf Siezfuß steht: *HaanS* (nun unnasaliert) heißt sozusagen »Haaen Sie?« – Woher »*hāā*« kommt, ist nicht ganz leicht zu sagen; wahrscheinlich hängt es mit dem althochdeutschen »hveo« »wie«, »auf welche Weise« zusammen.

Eine ähnliche Siezgestalt nimmt auch das sehr beliebte »Gell« an (*gej* gesprochen): *gelnS*. Gell heißt – auch anderswo – »nichtwahr« und wäre übersetzt: es gelte, es möge gelten.

»Nein« heißt *nāā* (nasales helles a wie hāā); »naanS« kann man nicht sagen.

Hää (nicht nasal) ist »hallo«, *äha* oder *öha* »Entschuldigung«, »Verzeihn Sie bitte vielmals«.

Na (nicht nasal, mit dunklem a) ist ein gekürztes *nacha*, »nachher«, und wird anstelle des schriftdeutschen »dann« verwendet: »*Was hast na gsagt?*« – »Was hast du dann gesagt?«; »*Na gemma*« – »Dann gehen wir«.

Das kurze, fast tonlose, helle a ist der Nominativ des unbestimmten Artikels sämtlicher Geschlechter: *a Mō, a Kuah, a Viech* – ein Mann, eine Kuh, ein Tier.

Aa, ein helles langes a, bedeutet »auch«, *Äh* oder *eh* (etwa: »ehedem«) heißt »ohnehin«, »sowieso« und »von vornherein«. »*De Breißn vastengan uns äh need*«, »die Preußen verstehen uns sowieso nicht«. – I ist »ich«.

Gäh, mit kurzem ä, bedeutet »geh« im Sinn von »geh mir weg«, »hör auf« und auch von »bitte, seien Sie so gut«. Man kann auch *gäh zua* oder *gäh weida* sagen oder *genga S zua* und *genga S weida*, falls man sich siezt. Einfaches *gäh* dagegen, obgleich die Du-Befehlsform, ist auch Siezpersonen gegenüber wohl am Platze: »*Gäh, Sie wern doch dem nix glaam, Herr Richter*«, »Geh, Sie werden doch diesem nichts glauben, Herr Richter«. – Oder »*Gäh, setzen S Eahna her zu mir, Freilein*«, »Bitte setzen Sie sich zu mir her, Fräulein«.

Meĩ und *feĩ* beide mit nasalem *eĩ* sind noch zu nennen. *Meĩ* ist eine Verkürzung aus »Meingott«: *Meĩ, dees woaß i aa need*«, »Meingott, das weiß ich auch nicht« – und kann im Jammertone auf *omeĩ omeĩ* erweitert werden: »O mein Gott, o mein Gott«. – *Feĩ* hieß früher einmal »fein« und hat sich in eine Art Beschwörungswort verwandelt: »ich möchte betonen, daß«, »damit du es ja weißt«, »auf jeden (oder keinen) Fall«: »*So derfst dees feĩ need macha*« = »So darfst du das auf gar keinen Fall machen«; »*Dees mag i feĩ need*« = »Ich weise dich darauf hin, daß ich das nicht mag«; »*Du bist feĩ a scheens Rindviech*« = »Glaube mir, du bist ein schönes Rindvieh«.

Herbert Rosendorfer

*Das Gespenst
der Krokodile
und
Über das Küssen
der Erde*

nymphenburger

Einen »leidenschaftlichen und virtuosen Geschichtenerzähler« hat ihn die Kritik genannt, ihm »stilistische Brillanz, satirischen Gusto und sinnliche Anschaulichkeit« bescheinigt, dazu »Witz und nuancierten Stil«. Und Friedrich Torberg hat den Nagel auf den Kopf getroffen, als er ihn als einen »Buster Keaton der Literatur« bezeichnete.
Die Rede ist — natürlich — von Herbert Rosendorfer, und diesen Attributen wird er auch in seinem neuen Geschichtenband »Das Gespenst der Krokodile« in vollem Umfang gerecht.

nymphenburger

Herbert Rosendorfer im dtv

Foto: Isolde Ohlbaum

Das Zwergenschloß
und sieben andere Erzählungen

Das scheinbar Normale, das scheinbar Reale stößt in diesen Geschichten in Bereiche des Phantastischen vor. dtv 10310

Vorstadt-Miniaturen

Hintergründig-groteske Alltagsszenen, in denen Rosendorfers besonderer Humor ganz unverblümt zum Ausdruck kommt.
dtv 10354

Briefe in die chinesische Vergangenheit

Ein chinesischer Mandarin aus dem 10. Jahrhundert gelangt mittels einer Zeitmaschine in das heutige München und sieht sich dem völlig anderen Leben der »Ba Yan« und ihren kulturellen und technischen Errungenschaften gegenüber.
dtv 10541

Stephanie
und das vorige Leben

Eine fesselnde Geschichte auf dem schmalen Grat zwischen Traum und Wirklichkeit. dtv 10895

Königlich bayerisches Sportbrevier

Rosendorfer beschreibt alle bayerischen Sportarten wie Fensterln, Maibaumkraxeln, Fingerhakeln und Maßkrugstemmen, die bei den Olympischen Spielen (noch) fehlen.
dtv 10954

Die Frau seines Lebens
und andere Geschichten
dtv 10987

Ball bei Thod · Erzählungen

Der makabren Titelgeschichte folgen noch 37 weitere. dtv 11077

Vier Jahreszeiten im Yrwental
Vier Berichte

Vier Kinder erleben die Ereignisse zwischen Untergang des Hitlerreiches und Aufstieg der Demokratie mit, an die sie sich vierzig Jahre später erinnern.
dtv 11145

Eichkatzelried
Geschichten aus Kindheit und Jugend
dtv 11247 (Sept. '90)

Das Messingherz
oder Die kurzen Beine der Wahrheit

Albin Kessel, Autor durchschnittlich-populärer Bücher wie »Die Friesen«, »Die Diabetiker« usw. wird eines Tages vom Bundesnachrichtendienst angeworben... Ein hintersinniger, heimtückischer Behördenroman. dtv 11292 (Okt. '90)

Alois Brandstetter im dtv

Die Abtei
Eine große Klage wird da von Alois Brandstetter in Gang gesetzt, ein circulus lamentationum, der keine Problematik ausläßt, seien es nun die mangelnden Fähigkeiten der Politiker, sei es die betrübliche Situation der gymnasialen Schulbildung oder die Depravation des Mönchtums. dtv 10218

Über den grünen Klee der Kindheit
Brandstetter erinnert sich an die Sorgen und Freuden des bäuerlichen Lebens in seiner Heimat, an Landschaft und Menschen, die sich ihm eingeprägt haben. dtv 10450

Altenehrung
Dünkel und Überheblichkeit, Besserwisserei und Beckmesserei werden dem Ich-Erzähler nach seiner »Untat« vorgeworfen. Doch er wollte nichts anderes, als auf den »Mißstand der vielen politischen und damit unsachlichen und unfachlichen Entscheidungen« bei Besetzungen öffentlicher Ämter aufmerksam machen. dtv 10595

Zu Lasten der Briefträger
Der Herr, der hier in jeder Hinsicht das große Wort führt, bleibt anonym. Sein imaginärer Gesprächspartner ist der Postmeister eines niederbayerischen Dorfes, der drei Landbriefträger unter sich hat, über deren Schwächen Klage geführt wird. dtv 10694

Die Burg
Eine Familie steht ganz im Zeichen der Burg. Das Luxusmodell aus Plastik, mit dem wohlmeinende Verwandte dem sechsjährigen Sohn eine Freude machen wollten, »belagert« den Schreibtisch des Vaters, der eigentlich seine Habilitationsschrift fertigstellen sollte, aber zunehmend von Zweifeln am akademischen Betrieb geplagt wird . . . dtv 11053

Vom Schnee der vergangenen Jahre
Früher waren die Winter irgendwie kälter, schneereicher, glanzvoller. In diesen autobiographischen Skizzen untersucht Brandstetter, warum das so war. Ob er von seinen ersten Ski-Erlebnissen oder vom Eisstockschießen zur Zeit seiner Kindheit in dem kleinen österreichischen Dorf Pichl erzählt, oder ob er humorvoll die Anschaffung des ersten Radioapparats kommentiert, immer geht er den Dingen auf den Grund. dtv 11149

Das Buch

»Das Fingerhakeln ist eine Art Tauziehen ohne Tau. Zwei Burschen sitzen sich an einem Tisch gegenüber. Sie ›hakeln‹ die Mittelfinger ihrer rechten Hände ineinander, dürfen sich mit der anderen Hand am Tischrand festhalten, und dann wird gezogen.« Rosendorfer zeigt, daß gerade die Bayern ein dem Sport besonders und auf sehr bodenständige Weise ergebenes Volk sind. Darum ist es auch sinnvoll, den nicht immer leichten Zugang zum Charakter und der Lebensart der Bayern über den Bereich des Sports zu suchen. Rosendorfer bahnt diesen Zugang, und nicht nur das, er weist auch nach, daß sich die Bayern durch artspezifische Sportdisziplinen wie Fensterln, Maibaumklettern, Fingerhakeln, Maßkrugstemmen und viele andere signifikant von anderen deutschen Stämmen unterscheiden. Ein vergnügliches, heiteres Buch, das vertrackten Situationen mit vertracktem Humor begegnet.

Der Autor

Herbert Rosendorfer wurde am 19. Februar 1934 in Bozen geboren und studierte zunächst an der Akademie der Bildenden Künste in München und später Jura. Er lebt als Richter in München. Einige Werke: ›Der Ruinenbaumeister‹ (1969), ›Deutsche Suite‹ (1972), ›Stephanie und das vorige Leben‹ (1977), ›Das Messingherz‹ (1979), ›Ballmanns Leiden‹ (1981), ›Briefe in die chinesische Vergangenheit‹ (1983), ›Vier Jahreszeiten im Yrwental‹ (1986), ›Die Nacht der Amazonen‹ (1989), Romane; ›Der stillgelegte Mensch‹ (1970), ›Ball bei Thod‹ (1980), ›Das Zwergenschloß‹ (1982), ›Die Frau seines Lebens‹ (1985), ›Das Gespenst der Krokodile‹ (1987), Erzählungen; ›Vorstadt-Miniaturen‹ (1982).